Os desafios da substituição tributária

Confira as publicações da Coleção FGV de Bolso no fim deste volume.

FGV EDITORA

FGV de Bolso
Série Direito & Sociedade 42

Os desafios da substituição tributária
A incidência do ICMS sobre o vinho

Leonardo de Andrade Costa
Luciana Azevedo da C. Fülöp

Copyright © Leonardo de Andrade Costa e Luciana Azevedo da C. Fülöp

1ª edição – 2015

Impresso no Brasil | Printed in Brazil

Todos os direitos reservados à EDITORA FGV. A reprodução não autorizada desta publicação, no todo ou em parte, constitui violação do copyright (Lei nº 9.610/98).

Os conceitos emitidos neste livro são de inteira responsabilidade do autor.

COORDENADORES DA COLEÇÃO: Marieta de Moraes Ferreira e Renato Franco
COPIDESQUE: Sandra Frank
REVISÃO: Aleidis de Beltran
DIAGRAMAÇÃO, PROJETO GRÁFICO E CAPA: dudesign

**Ficha catalográfica elaborada
pela Biblioteca Mario Henrique Simonsen/FGV**

Costa, Leonardo de Andrade.
    Os desafios da substituição tributária: a incidência do ICMS sobre o vinho / Leonardo de Andrade Costa, Luciana Azevedo da C. Fülöp. – Rio de Janeiro : Editora FGV, 2015.
    160 p. – (Coleção FGV de bolso. Direito e sociedade; 42)

    Inclui bibliografia.
    ISBN: 978-85-225-1759-6

    1. Direito tributário. 2. Imposto sobre circulação de mercadorias e serviços. 3. Política tributária. 4. Vinho - Impostos. I. Fülöp, Luciana Azevedo da C. II Fundação Getulio Vargas. III. Título. IV. Série.

CDD – 341.39632

Editora FGV
Rua Jornalista Orlando Dantas, 37
22231-010 | Rio de Janeiro, RJ | Brasil
Tels.: 0800-021-7777 | 21-3799-4427
Fax: 21-3799-4430
editora@fgv.br | pedidoseditora@fgv.br
www.fgv.br/editora

Sumário

Introdução	7

Capítulo 1

A estrutura tributária brasileira e o ICMS estadual   11

O financiamento das despesas públicas – o papel dos tributos	11
As espécies tributárias de acordo com o Supremo Tribunal Federal	21
O federalismo e as competências tributárias	26
O ICMS no contexto da federação	39

Capítulo 2

A substituição tributária nas operações sujeitas ao ICMS   57

O ICMS: imposto não cumulativo e indireto	57
O contribuinte e o responsável	91
A cobrança do ICMS pelo regime de substituição tributária "para frente"	97
A substituição tributária e a Lei Complementar nº 87/1996	102
A base de cálculo do imposto devido por substituição tributária "para frente"	104

A jurisprudência do STF e do STJ – impasse interminável? 108
A substituição tributária e o Simples Nacional 119
A substituição tributária no estado do Rio de Janeiro 124

Capítulo 3
A substituição tributária do vinho no estado do Rio de Janeiro 129

Vinho: o consumo e a regulação da produção
e do comércio no país 129
A carga tributária e a substituição tributária
nas operações com bebidas 131
A substituição tributária do vinho 134
Dúvidas frequentes dos contribuintes sobre o tema 142

Considerações finais 153

Referências 155

Introdução

O que é a chamada substituição tributária "para frente" aplicável ao imposto incidente sobre operações relativas à circulação de mercadorias e sobre prestações de serviços de transporte interestadual e intermunicipal e de comunicação (ICMS)? Por que existe esse regime jurídico que transforma um tributo plurifásico, como é o caso do ICMS estadual, que incide em cada etapa de circulação da mercadoria, em um imposto praticamente monofásico? Quais são, para o fisco e para o sujeito passivo (contribuinte e responsável), os principais desafios, virtudes e defeitos da substituição tributária em relação às operações e prestações subsequentes? Como é operacionalizada na prática a substituição tributária das bebidas, em especial do vinho, no estado do Rio de Janeiro?

Inicia-se o presente texto com essas indagações, com a esperança de que você leitor, a partir de suas próprias reflexões, possa responder ao final da leitura deste livro.

Preliminarmente, entretanto, é importante ressaltar que a compreensão dos desafios e da operacionalização da substituição tributária pressupõe o conhecimento dos elementos estruturantes da tributação como principal fonte de receitas públicas, requisito necessário à realização das políticas públicas. Com efeito, somente é possível entender os tributos e o regime jurídico aplicável à substituição tributária do ICMS, seus aspectos positivos e negativos, a partir das razões de sua existência, o que requer breve introdução acerca das múltiplas faces do financiamento das despesas públicas, as quais visam a atender as chamadas necessidades públicas no contexto socioeconômico-político da República Federativa do Brasil da atualidade.

Nesse sentido, o livro subdivide-se em três capítulos, além desta introdução e das considerações finais.

No primeiro capítulo, intitulado "A estrutura tributária brasileira e o ICMS estadual", serão abordados os elementos essenciais da atividade financeira do Estado, os substratos econômicos de incidência dos tributos (a renda, o patrimônio e o consumo) e, bem assim, as linhas gerais do modelo brasileiro de distribuição de competência tributária entre os entes federados, isto é, a União, os estados, o Distrito Federal e os municípios. Como ressaltado, os tributos consubstanciam a fonte primária de recursos para o financiamento das despesas públicas dos entes federados (também denominados entes políticos). No entanto, deve-se destacar que a maioria dos municípios e grande parte dos estados dependem financeiramente do complexo sistema constitucional de repartição de receitas tributárias (os estados dependentes de repasses da União, e os municípios, de transferências da União e dos estados). A rigor, a dependência decorre do fato de que a arrecadação dos tributos de suas respectivas competências é, em regra, insuficiente para cobrir todas as suas despesas.

Em seguida, após breve introdução dos princípios jurídicos e econômicos fundamentais que norteiam a tributação, buscar-se-á delinear os principais aspectos que causam o elevado grau de complexidade do sistema tributário brasileiro, o que se encerrará com a análise do ICMS em face dos antagonismos federativos.

Já no capítulo 2, após a apresentação do ICMS como imposto plurifásico, não cumulativo e indireto, objetiva-se ressaltar as distintas posições dos sujeitos da relação tributária: o sujeito passivo de um lado, que pode ser o contribuinte ou o responsável, e de outro o sujeito ativo, isto é, a Fazenda Pública, que pode ser tanto a União como os estados, o Distrito Federal ou os municípios. Nesse contexto, será introduzida a chamada substituição tributária das operações e prestações "subsequentes": a ST "progressiva" ou "para frente" (termos utilizados indistintamente neste trabalho).

Ainda no capítulo 2, visa-se analisar os aspectos operacionais da referida substituição tributária progressiva e também algumas das principais decisões do Superior Tribunal de Justiça (STJ) e do Supremo Tribunal Federal (STF) acerca da matéria. Com efeito, examinar-se-ão, também, os aspectos essenciais da substituição tributária em face do regime especial unificado de arrecadação de tributos e contribuições devidos pelas microempresas (ME) e empresas de pequeno porte (EPP), o chamado Simples Nacional, disciplinado pela Lei Complementar nº 123, de 14 de dezembro de 2006, e pela Resolução do Comitê Gestor do Simples Nacional (CGSN) nº 94, de 29 de novembro de 2011.

Por fim, no capítulo 3, antes das considerações finais, serão examinadas as regras da substituição tributária aplicáveis no estado do Rio de Janeiro às bebidas em geral e, em especial, ao vinho. O leitor perguntará o porquê dessa escolha em particular. Desde a introdução do regime de substituição tributária nas operações com vinho, por meio do Decreto nº 44.950, de 12 de setembro de 2014 (publicado no *DOE* em 15 de setembro de 2014), muito tem se discutido acerca da aplicação do instituto a esse produto, por se tratar de mercadoria que teve, nas duas últimas décadas, um acréscimo expressivo tanto em relação à sua produção no país quanto à quantidade importada. É preciso destacar, ainda, que a bebida possui grande simbolismo devido a seus aspectos culturais, gastronômicos e sociais. Afinal, a cultura ocidental gira em torna da "boa mesa", cercada pelos familiares e amigos e acompanhada, de preferência, de uma boa garrafa de vinho!

Capítulo 1
A estrutura tributária brasileira e o ICMS estadual

O financiamento das despesas públicas – o papel dos tributos

Os indivíduos possuem *demandas* e *interesses individuais* variados, os quais, em seu conjunto, formam o que se denomina *necessidades gerais* ou *sociais*, também chamadas de *demandas coletivas*.

Uma parte desses interesses é atendida pelos próprios indivíduos, com suas ações privadas.

No entanto, uma parcela substancial das demandas das pessoas não pode ser satisfeita individualmente, seja porque são impotentes ou incapazes de alcançar suas necessidades e desejos, seja em razão da própria natureza da demanda, como é o caso, por exemplo, da segurança pública interna, a proteção contra eventual ataque ou ameaça externa ou, ainda, a necessidade de preservação do meio ambiente natural (florestas, rios, mares etc.).

As mencionadas demandas coletivas representam, abstratamente, o somatório das necessidades individuais. Considerando, por um lado, a limitação dos recursos disponíveis (naturais, humanos, financeiros, estágio tecnológico etc.) e, por outro, o fato de os interesses individuais e sociais tenderem a ser infinitos, o Estado elege, por meio do processo político, apenas uma parte das demandas coletivas, que serão atendidas pelo poder público: as denominadas necessidades públicas. Nessa linha, é importante salientar a existência da denominada *reserva do possível*, adotada pela jurisprudência alemã (Schwabe, 2005), princípio associado à constatação de que todos os direitos têm custo e que os recursos públicos são limitados, razão pela qual haverá sempre, e em qualquer circunstância, a necessidade da adoção de escolhas entre o que será e o que não será realizado pelo poder público. É de se notar que a própria Convenção Americana sobre Direitos Humanos, denominada Pacto de San José da Costa Rica, aprovada no Brasil pelo Decreto Legislativo nº 27, de 25 de setembro de 1992 e promulgada pelo Decreto nº 678, de 6 de novembro de1992, em seu art. 26, reconhece o princípio da reserva do possível, ao declarar o direito ao desenvolvimento progressivo, relativamente aos direitos econômicos, sociais e culturais, "na medida dos recursos disponíveis".

Portanto, uma vez fixado juridicamente o dever de o Estado realizar tão somente um conjunto limitado das demandas coletivas (politicamente escolhidas), o que ocorre modernamente por meio das políticas públicas previstas e organizadas nos orçamentos – o plano plurianual (PPA), a lei de diretrizes orçamentárias (LDO) e a lei orçamentária anual (LOA) –, as *necessidades gerais* se convertem em *necessidades públicas*. Tais demandas abraçadas pelo Estado são atendidas e satisfeitas por meio dos serviços públicos, os quais pressupõem um conjunto de bens e pessoas sob a responsabilidade do Estado. Os serviços públicos, que são instrumentos estatais para o alcance dos fins a que se propõe, realizam-se, atualmente, quase que exclusivamente por meio da utilização da chamada *atividade financeira do Estado*, tendo em vista que a requisição de bens e serviços do particular são exceções. Alguns exemplos, como a convocação para prestar auxílio no processo eleitoral como mesário, ou o alistamento militar obrigatório, são casos excepcionais e confirmam a regra. O padrão é que o Estado pague com dinheiro os bens e os serviços necessários ao desempenho da sua missão.

A mencionada *atividade financeira do Estado*, que se liga ao planejamento estatal por meio dos aludidos orçamentos (PPA, LDO e LOA), compreende a obtenção das *receitas*, a realização das *despesas* públicas e, bem assim, o chamado *crédito público*. Caso as receitas patrimoniais, de tributos e de multas não sejam suficientes para cobrir as despesas de capital – isto é, os gastos direcionados à realização de investimentos, que aumentam a capacidade do Estado de prestar serviços públicos –, surge a necessidade de contrair *dívida pública*. Por meio do crédito público, o ente público contrai obrigações, seja pela obtenção de empréstimos seja pela a emissão de títulos da dívida pública, hipótese em que nasce a dívida pública.

Dada a realidade de que o somatório das receitas de multas e patrimoniais, advindos da exploração do próprio patrimônio público, é insuficiente para cobrir os constantes aumentos de gastos públicos decorrentes do incremento das denominadas demandas públicas, tem sido crescente, ao longo da história, a utilização tanto dos tributos como da dívida pública para abastecer os cofres públicos.

A Constituição da República Federativa do Brasil (CRFB/1988), no inciso III do art. 167, limita o endividamento público, ao proibir a realização de operações de crédito que excedam o montante das despesas de capital. Nesse sentido, é vedada constitucionalmente a utilização de recursos obtidos por meio da contratação de dívida (as quais criam obrigações para as gerações futuras), para o pagamento de despesas correntes, que englobam as despesas de custeio e transferências correntes. Tais despesas não aumentam a capacidade estatal de prestar serviços públicos, uma vez que apenas mantêm os serviços públicos já existentes (art. 12 da Lei nº 4.320/1964). Dessa forma, a dívida pública, que nasce da realização das operações de crédito, deve necessariamente financiar investimentos, inversões financeiras ou transferências de capital que incrementem a capacidade do Estado de realizar as atividades a que se propõe.

Assim, considerando a inviabilidade de obtenção contínua de crédito junto ao mercado, além da própria limitação constitucional acima referida, e tendo em vista, ainda, a insuficiência das receitas patrimoniais e de multas para atender a todas as demandas por recursos públicos, a atividade estatal contemporânea tem como fonte primária de financiamento os tributos.

A relevância dos tributos para atender às crescentes necessidades públicas pode ser constatada no gráfico a seguir, o qual reflete o aumento da carga tributária bruta relativamente ao produto interno bruto (PIB) nos países integrantes da Organização para Cooperação e Desenvolvimento Econômico (OCDE), desde 1965 até 2013.

Figura 1 - Evolução da arrecadação tributária dos países da OCDE

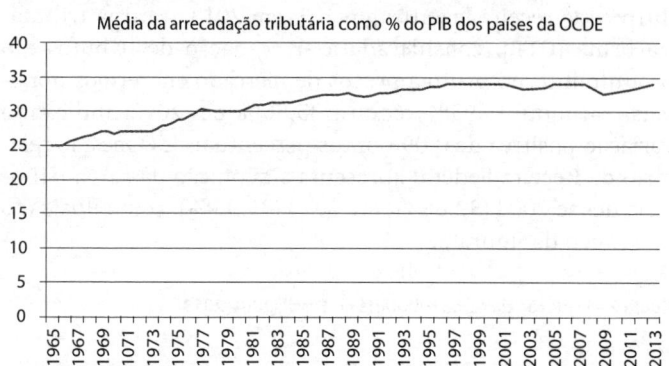

Fonte: elaboração própria, a partir dos dados extraídos do OECD.Stat.Extract. Disponível em: <www.ehttp://stats.oecd.org/>. Acesso em: 14 maio 2015.

O aumento da participação das receitas tributárias em relação ao produto interno bruto dos países da OCDE, que saiu de 24,83% em 1965 para 34,13% em 2013, revela a crescente relevância dos tributos nas principais economias do mundo. Apesar da média de 34,13%, em 2013, cumpre destacar diferenças substanciais entre os 34 países participantes da organização. Com efeito, seis países possuíam carga tributária em relação ao PIB, em 2013, superior a 40%: Dinamarca (48,58%), França (45,04%), Finlândia (44,0%), Suécia (42,78%), Itália (42,64%) e Noruega (40,78%). Com perfil substancialmente distinto destacam-se oito países com participação da carga tributária inferior a 30% do PIB: México (19,68%), Chile (20,23%), Coreia do Sul (24,31%), Estados Unidos (25,44%), Suíça (27,05%), Turquia (29,31%), Eslováquia (29,63%) e Irlanda (28,29%). Os demais países apresentam carga tributária entre 30% e 40% do PIB.

Segundo os dados da Secretaria da Receita Federal do Brasil (http://idg.receita.fazenda.gov.br), em 2013, a carga tributária bruta (CTB), considerada a arrecadação de tributos e o produto interno bruto a preços de mercado em termos nominais, "atingiu 35,95%, contra 35,86% em 2012, indicando variação positiva de 0,09 pontos percentuais". O mesmo relatório da Receita Federal apresenta a evolução da carga tributária desde 2004 (32,68%) até 2013 (35,95%), como ilustrado no gráfico da figura 2.

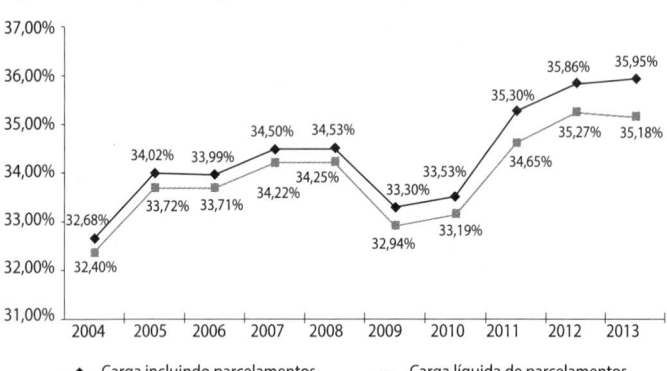

Figura 2 - Evolução da carga tributária no Brasil (2004-2013)

Constatado o incremento da participação dos tributos relativamente ao PIB, tanto no Brasil quanto nos países integrantes da OCDE, reflexo do aumento das denominadas necessidades públicas, independentemente da efetividade comparativa dos gastos em cada nação, importa ressaltar que a tributação é subsistema tanto do direito quanto da economia, sem mencionar os aspectos políticos, culturais e sociais envolvidos.

Nesse sentido, impõe-se enfatizar que a incidência dos tributos no estado de direito pressupõe a existência de um ato, um fato ou um evento juridicamente qualificado que possua relevância do ponto de vista econômico. Essa é a razão da indissociável imbricação entre as estruturas normativa e econômica da tributação, a partir da qual se exteriorizam e são identificados os signos de riqueza e a manifestação de capacidade econômica.

O fato de o indivíduo ter barba, ser calvo ou ruivo, por exemplo, não pode servir de elemento catalisador a ensejar a possibilidade de tributação, haja vista não consubstanciar ou traduzir aptidão para contribuir em sentido econômico. Na mesma linha, a simples emissão de gases na atmosfera, por si só, não pode consubstanciar hipótese de incidência de tributo, haja vista que somente aquelas emissões associadas a uma atividade econômica que expresse capacidade contributiva e, ao mesmo tempo, que cause danos ao meio ambiente são aptas a servir de base de incidência tributária. Se assim não fosse, até os gases do sistema gastrointestinal dos seres humanos, compostos basicamente por moléculas de nitrogênio (N_2), oxigênio (O_2), dióxido de carbono (CO_2), hidrogênio (H_2) e metano (CH_4), seriam passíveis de tributação pela sua simples eliminação.

Desse modo, a exigência de tributos no estado de direito é expressão da incidência econômico-jurídica, união indissociável que se projeta sobre a interpretação jurídico-econômica da norma impositiva.

A manifestação de riqueza, requisito à incidência dos tributos, se exterioriza através do *consumo* de bens e serviços, do fato de auferir renda e pela aquisição de posse, propriedade ou transmissão de patrimônio. Dessa forma, independentemente da denominação jurídica conferida ou da distribuição constitucional de competências tributárias entre os diversos entes políticos em uma federação (matéria a ser abordada no próximo tópico), são três os substratos de incidência tributária, do ponto de vista econômico (a *renda*, o *patrimônio* e o *consumo*). Essas três bases econômicas de tributação são indissociáveis, pois o patrimônio representa a renda passada não consumida, isto é, a riqueza acumulada (pela própria pessoa ou por aqueles que lhe transferiram o capital acumulado). Por sua vez, a renda reflete o consumo em potencial, tendo em vista que, ao obtê-la, duas escolhas se apresentam: consumir ou poupar/investir.

Apesar de a maioria esmagadora dos países adotar todos os supracitados substratos econômicos ao mesmo tempo (patrimônio, renda e consumo), a relevância relativa ou o peso conferido a cada uma dessas bases de incidência revela, em grande medida, o perfil, os propósitos e os possíveis reflexos das diferentes políticas tributárias adotadas pelos governos nacionais.

A preponderância de determinado substrato econômico de tributação indica, por exemplo, a ênfase da intenção de utilizar o sistema tributário para redistribuir riqueza ou estimular os investimentos e a atividade econômica privada.

Os impostos que recaem sobre o patrimônio e a renda, por exemplo, se ajustam com facilidade à política fiscal orientada para onerar mais pesadamente as pessoas que demonstrem maior capacidade econômica, seja por meio da utilização de alíquotas proporcionais ou progressivas.

A incidência sobre o consumo, por outro lado, exclui a renda poupada da tributação, o que estimula o investimento e a geração de riqueza, apesar de ser considerada um tributo regressivo, tendo em vista não levar em consideração, em regra, a capacidade econômica do contribuinte. Isto é, pessoas com capacidades econômicas distintas que consomem a mesma mercadoria pagam o mesmo tributo, apesar de a propensão marginal a consumir do mais pobre ser substancialmente superior à do rico, que gasta apenas uma pequena parcela de sua renda com o consumo de bens e serviços.

A pessoa eleita pela lei como sujeito passivo da obrigação tributária e aquela que arca com o encargo financeiro do tributo *podem coincidir ou não*, ou seja, podem ser ou não a mesma pessoa, visto que a imposição de tributos pode ocasionar alterações nos preços dos bens e serviços ou na remuneração dos fatores de produção (a terra, o capital, o trabalho, a tecnologia, o empreendedorismo etc.).

Dito de outra maneira, as alterações de preços nos mercados de bens e serviços e de fatores de produção podem redirecionar o ônus econômico e financeiro do tributo para pessoa diversa daquela indicada pela lei como o contribuinte de direito.

Assim, o contribuinte de direito é determinado pela lei em caráter formal e material, em obediência ao princípio da legalidade, e pode ser ou não a mesma pessoa que se caracteriza como o contribuinte de fato, figura a ser definida pela dinâmica das diversas forças que formam o denominado mercado.

No caso dos impostos incidentes sobre a circulação e vendas de bens e serviços, monofásicos ou plurifásicos, objetiva-se que o imposto recaia sobre o consumidor final, podendo essa previsão estar expressa no ordenamento jurídico ou não. Dessa forma, nessa modalidade de tributação sobre o consumo, a capacidade econômica é do contribuinte de fato, apesar de a relação jurídico-tributária se estabelecer com o sujeito passivo da obrigação tributária que tem o vínculo com o fisco.

Nos impostos plurifásicos, desenhados para incidir sobre o consumo, o contribuinte de direito é, em regra, o industrial, o atacadista ou o varejista, ou todos eles, como ocorre no denominado imposto incidente sobre o valor agregado (IVA), amplamente adotado no exterior, em especial na União Europeia, e, no caso brasileiro, o ICMS estadual. Em relação a esses tipos de incidência, a Constituição de 1988 estabelece que devam ser adotadas medidas para que os consumidores sejam esclarecidos acerca dos impostos que incidam sobre mercadorias e serviços, consoante o disposto no §5º do art. 150, o qual estabelece:

> Art. 150. [...]
> §5º. A lei determinará medidas para que os consumidores sejam esclarecidos acerca dos impostos que incidam sobre mercadorias e serviços.

A Lei nº 12.741/2012, que entrou em vigor em junho de 2013, trouxe a previsão de informação do valor *aproximado* dos tributos federais, estaduais e municipais nos documentos fiscais, o que revela o reconhecimento da complexidade do Sistema Tributário Nacional, tendo em vista a dificuldade de se precisar a carga tributária incidente sobre a mercadoria vendida.

O imposto sobre mercadorias ou serviços pode ser monofásico, incidindo apenas em uma fase do ciclo econômico, ou plurifásico, assim qualificado por haver tributação em algumas ou todas as etapas de circulação entre a produção e o consumo.

Esses mesmos tributos podem ser cumulativos, caso a base de cálculo de determinada etapa de circulação inclua tributo da mesma espécie já incidente em etapa anterior, ou não cumulativos, hipótese em que a incidência limita-se ao valor adicionado em cada fase do ciclo econômico-tributário do bem ou serviço.

O ICMS, conforme será examinado, é um imposto plurifásico não cumulativo, juridicamente formulado para que ocorra o repasse do ônus ou encargo financeiro do tributo para o consumidor final.

As espécies tributárias de acordo com o Supremo Tribunal Federal

A CRFB/1988, em seu Título VI, estabelece a disciplina jurídica essencial dos tributos e a estrutura básica do sistema tributário no país.

Em seu art. 146, III, "a", a CRFB/1988 confere à lei complementar, entre outras funções, a de estabelecer a definição de tributos, tarefa atualmente desempenhada pela Lei nº 5.172/1966 (intitulada Código Tributário Nacional (CTN) pelo Ato Complementar nº 36/1967, tendo sido editada como lei ordinária e recepcionada como lei complementar pelas constituições brasileiras de 1967 e de 1988).

O CTN estabelece o conceito de tributo em seu art. 3º, definindo-o como "toda prestação pecuniária compulsória, em moeda ou cujo valor nela se possa exprimir, que não constitua sanção de ato ilícito, instituída em lei e cobrada mediante atividade administrativa plenamente vinculada", expondo, dessa forma, sua natureza jurídica híbrida, qual seja de receita derivada e, ao mesmo tempo, obrigação *ex lege* de dar coisa certa.

Ressalte-se, o tributo não se confunde com as penalidades pecuniárias (multa de trânsito ou outra penalidade em dinheiro de natureza administrativa) nem com as multas fiscais, apesar de ambas serem classificadas como receitas de natureza compulsória.

De acordo com o disposto no art. 145 da CRFB/1988 e no art. 5º do CTN, são três as espécies tributárias: os *impostos*, as *taxas* e as *contribuições de melhoria*.

Apesar da literalidade do citado dispositivo constitucional (art. 145) e do contido no mencionado art. 5º do CTN, o Supremo Tribunal Federal (STF), em especial no RE nº 138.284-8, RE nº 146.733 e ADC nº 1/DF, decidiu que tanto os empréstimos compulsórios quanto as contribuições de intervenção no domínio econômico e na ordem social, de que tratam os arts. 148 e 149 da Carta da República, respectivamente, possuem natureza tributária, embora não listadas no aludido art. 145 da CRFB/1988. Dois foram os principais argumentos utilizados pelo STF para decidir nesse sentido. De um lado, em razão do local onde se insere a disciplina jurídica dos empréstimos compulsórios e das contribuições para o financiamento da intervenção na ordem econômica e social (critério topográfico). Os mencionados arts. 148 e 149 situam-se no Capítulo I do referido Título VI da Constituição, intitulado "Do Sistema Tributário Nacional". Por outro lado, o STF levou em conta que essas exações possuem todas as seis características fixadas no mencionado art. 3º do CTN, dispositivo que disciplina os elementos característicos dos tributos. Com efeito, como visto, esse dispositivo do CTN estabelece que tributo é toda prestação pecuniária (1), compulsória (2), em moeda ou cujo valor nela se possa exprimir (3), que não constitua sanção de ato ilícito (4), instituída em lei (5) e cobrada mediante atividade administrativa plenamente vinculada (6).

Nesse sentido, o STF adotou a tese quinquipartite das espécies tributárias no país.

Posteriormente, com a edição da Emenda Constitucional nº 39/2002, foi incluída a possibilidade de o Distrito Federal e os municípios instituírem a contribuição de iluminação pública. De acordo com a Súmula nº 670 do STF "o serviço de iluminação pública não pode ser remunerado mediante taxa" por se referir a atividade estatal que se traduz em prestação de utilidades inespecíficas, indivisíveis e insuscetíveis de serem vinculadas a determinado contribuinte. Essa foi a razão que ensejou a edição da mencionada emenda constitucional para autorizar os municípios instituírem a contribuição de iluminação pública.

Pelo exposto, atualmente seriam considerados tributos, de acordo com a jurisprudência da Suprema Corte embasada na CRFB/1988: (1) os impostos (art. 145, I); (2) as taxas (art. 145); (3) as contribuições de melhoria (art. 145, III); (4) os empréstimos compulsórios (art. 148); (5) a contribuição de iluminação pública (art. 149-A); (6) as contribuições especiais (art. 149), sendo estas últimas subdivididas em três grupos: (6.1) contribuições sociais; (6.2) contribuições de intervenção no domínio econômico; e (6.3) contribuições de interesse das categorias profissionais e econômicas. As citadas contribuições sociais (6.1), por sua vez, desdobram-se em: (6.1.1) sociais gerais (e.g. salário-educação); (6.1.2) de seguridade social (art. 195; e (6.1.3) outras de seguridade social (art. 195, §4º).

O art. 149 da CRFB/1988 confere competência privativa à União para criar contribuições sociais, de intervenção no domínio econômico e de interesse das categorias profissionais ou econômicas, o que não afasta a possibilidade de os estados, o Distrito Federal e os municípios instituírem contribuição para a seguridade social de seus servidores, nos termos do §1º do mesmo dispositivo constitucional. A rigor, o citado dispositivo é o fundamento de validade constitucional das mencionadas contribuições especiais e também elemento de conexão entre a denominada Constituição Tributária (Título VI da CRFB/1988) e aquela que disciplina a segurança ou seguridade social, em que estão previstas de forma detalhada essas espécies tributárias, tais como a contribuição para o financiamento da seguridade social (Cofins) – art. 195, I, "b" –, a contribuição social sobre o lucro líquido (CSLL) – art. 195, I, "c" –, a contribuição para o Programa de Integração Social (PIS) – art. 239 etc. – todos da CRFB/1988.

Como visto, somente a introdução das características elementares dos tributos e a simples delimitação de seu conjunto já contêm elevado grau de detalhamento, revelando as razões iniciais da complexidade do sistema tributário nacional. Tal complexidade é potencializada em razão das múltiplas funções atribuídas aos tributos (extrafiscalidade) e, especialmente, em decorrência do perfil do federalismo fiscal brasileiro, o qual será apresentado no próximo tópico deste capítulo.

Impõe-se, portanto, apresentar outras características estruturantes dos tributos, como sua periodicidade, definitividade ou transitoriedade e, bem assim, suas funções elementares, além da determinação do ente político competente para instituí-lo e arrecadá-lo. Somente assim será possível que você, leitor, compreenda aspectos essenciais do Sistema Tributário Nacional, a fim de que, posteriormente, tenha uma visão mais precisa do regime de substituição tributária "para frente" do ICMS.

As receitas tributárias, pela perspectiva da regularidade ou habitualidade, podem ser classificadas como: extraordinárias ou ordinárias.

A receita extraordinária, como o próprio nome revela, decorre de circunstâncias esporádicas, excepcionais ou de caráter transitório, como ocorre, por exemplo, com os empréstimos compulsórios decorrentes de calamidades (art. 148, I, da CRFB/1988) e no caso de investimento público de caráter urgente e de relevante interesse nacional (art. 148, II, da CRFB/1988), o imposto extraordinário de guerra (art. 154, II, da CRFB/1988). Também podem ser enquadradas como receitas, sob o ponto de vista patrimonial, apesar de não se caracterizarem como tributos, as doações (arts. 538 a 564 do Código Civil), os legados (art. 1.923 do Código Civil) e as heranças jacentes (arts. 1.819 e 1.882 do Código Civil) recebidas pelo Estado.

O empréstimo compulsório é um ingresso de recurso *temporário* nos cofres do Estado, pois sua arrecadação acarreta para o Estado a obrigação de restituir a importância que foi emprestada, enquanto os impostos constituem *receita* efetiva, uma vez que ingressam nos cofres do Estado, sem gerar nenhuma contrapartida do sujeito passivo.

Por sua vez, a receita ordinária decorre de fontes de riqueza previsíveis e contínuas, caracterizando-se por constar de forma permanente no orçamento do Estado, como é o caso daquelas auferidas pela exploração do patrimônio do Estado e pela arrecadação das diversas espécies tributárias previstas na CRFB/1988, tais como:
- os impostos (art. 145, I);
- as taxas (art. 145, II);
- as contribuições de melhoria (art. 145, III);
- as contribuições especiais (149 e 195);
- a contribuição de iluminação pública (art.149-A).

Fixados esses conceitos, quanto às espécies tributárias no país, impõe-se agora introduzir o nosso federalismo fiscal, para que seja possível apresentar um quadro-resumo do sistema constitucional de partilha de competências tributárias, considerando as diversas espécies de tributos existentes.

O federalismo e as competências tributárias

O *princípio federativo* é um dos pilares fundamentais ao delineamento do perfil institucional pátrio, ao lado do *princípio republicano*, o qual suscita o ideário da limitação, temporariedade e exercício responsável do poder, e, bem assim, do caráter democrático do estado de direito brasileiro, no qual a soberania popular pressupõe que governantes e governados sejam submetidos à mesma lei, editada pelos representantes do povo, consoante o disposto no parágrafo único do art. 1º da CRFB/1988. Na história recente, o Estado federal tornou-se o modelo que melhor se associa à organização do Estado democrático, haja vista ser um sistema flexível e eficiente para evitar o excesso de concentração do poder estatal e os riscos de abusos. Assim, na linha de intelecção do ex-ministro do Supremo Tribunal Federal Carlos Mário da Silva Velloso (RDA, 1992:3), o federalismo consubstancia uma forma de distribuição espacial de poder:

> [...] o Estado Federal é na verdade, forma de descentralização do poder, de *descentralização geográfica* do poder do Estado. Constitui técnica de governo, mas presta obséquio, também à liberdade, pois *toda a vez que o poder centraliza-se num órgão ou numa pessoa tende a tornar-se arbitrário* [grifos nossos].

A doutrina estrangeira (Rezende e Oliveira, 2004:65), fugindo da dicotomia simplista de escolha entre maior centralização ou não, também destaca o papel fundamental que o federalismo desempenha para evitar o arbítrio e propiciar ambiente econômico eficiente:

> O segundo motivo porque um debate entre prós e os contra seria estéril é que a *descentralização* tem sido um *imperativo político*. Na maioria dos países, ela teve motivação política. Um país descentralizado tem menor probabilidade de se tornar uma ditadura do que um centralizado. Essa é a justificativa principal para a descentralização. É um motivo muito forte. E que tem *implicações econômicas,* porque um pouco de *estabilidade política* é, com efeito, um *pré-requisito para a eficiência, a estabilização e redistribuição econômicas* [grifos nossos].

No entanto, apesar de a concentração absoluta de poder ser um mal que se objetiva combater, os riscos do excesso de descentralização também têm sido identificados há algum tempo por muitos estudiosos, mesmo por parte dos simpatizantes da federação como forma de Estado. O próprio Rui Barbosa, que havia sido grande defensor de um federalismo extremado como forma de superação revolucionária do Estado Unitário no Brasil (adotado na Constituição do Império de 1824), posto ser a centralização absoluta inconciliável com o modelo liberal de finanças em países de elevada extensão territorial, alertava para o lado negativo dos excessos cometidos posteriormente, denunciando a voracidade dos Estados em busca da ampliação de suas fontes como um perigo ao excesso de descentralização.

Nesse contexto, apesar dessa constatação inicial, no sentido da necessidade de pulverização de poder, em movimento tipicamente *centrífugo* de fluxo de poder do centro para as periferias, a preocupação com os inconvenientes da exacerbação no processo de descentralização sempre estiveram presentes no país. Saliente-se que o processo no Brasil diverge do contexto em que ocorreu a adoção do regime federativo nos Estados Unidos. Após a independência das antigas colônias inglesas, pela Revolução Americana de 1776, foram adotados os denominados Artigos da Confederação de 1781, caracterizada por Estados independentes e soberanos, os quais foram posteriormente substituídos pela Constituição dos Estados Unidos da América de 1787, em que a União passou a receber parcela dos poderes, em movimento *centrípeto* [da periferia para o centro].

No caso brasileiro atual, a Constituição Federal de 1988 consagra a forma de Estado já no seu art. 1º, ou seja, qualifica o Estado como federativo, o que caracteriza o Brasil como uma federação. É importante perceber que a *União*, como ente federado autônomo, não consta do referido art. 1º da CRFB/1988, mas sim o termo "união", haja vista que a existência da federação, previamente declarada no início do dispositivo, já consagra e pressupõe a existência do ente federal central. Em suma, a existência da União é pressuposto à existência da federação, sendo desnecessária a declaração expressa de sua presença. A União, conforme será examinado abaixo, desempenha três papéis jurídicos distintos, ainda que interligados: unidade política autônoma, ente de coordenação da federação e representante do país no plano internacional.

Trata-se, portanto, o Estado brasileiro, de um Estado *complexo*, constituído pela *união* indissolúvel dos estados, dos municípios e do Distrito Federal, em sentido análogo ao da

Confederação e diametralmente oposto ao Estado unitário simples.

Na forma de Estado federado coexistem *órbitas jurídicas distintas*, ainda que o direito pátrio seja uno, com funções previamente traçadas pelo sistema de repartição de competências constitucionais, o qual é ínsito a essa forma de Estado.

Em contexto agregativo tem-se a *ordem jurídica total*, o que compreende a interface com outros países, instituições internacionais e o conjunto de todos os ordenamentos internos, *parciais* e *centrais*. Esse agregado de normas representa o sistema normativo do Estado federal, ou seja, da República Federativa do Brasil, o qual compreende os atos normativos expedidos pela União no exercício de suas múltiplas funções constitucionais, pelos estados, pelo Distrito Federal e pelos municípios.

As *comunidades jurídicas parciais*, cujas normas incidem apenas sobre parcela do território do país, são formadas por unidades políticas autônomas, denominadas, em geral, estados-membros, o que inclui, no caso brasileiro, os estados, o Distrito Federal e, também, os municípios, todos dotados de autonomia política, legislativa, administrativa, financeira etc., nos termos do art. 18 da CRFB/1988.

Por sua vez, o *sistema normativo central* é constituído exclusivamente pelas normas editadas pela União, de acordo com suas múltiplas tarefas fixadas na Constituição em vigor, possuindo, em todos os casos, eficácia em todo o território brasileiro, razão de sua identidade. A existência de leis editadas pelo Congresso Nacional com características distintas – algumas de caráter exclusivamente federal, as quais vinculam apenas seus jurisdicionados e administrados, e outras de âmbito nacional, disciplinadoras da atuação de todos os entes políticos autônomos, inclusive da própria União como pessoa jurídica de direito público interno – confere maior complexidade ao sistema.

A União, por meio do Congresso, formado pela Câmara dos Deputados e pelo Senado, tem a prerrogativa de expedir *normas gerais* de caráter nacional em matéria financeira e tributária, *ex vi* art. 24, §1º, art. 146, III e art. 163, todos da CRFB/1988. Essas disciplinas são editadas em razão da função coordenadora que a União exerce em relação aos diversos entes políticos subnacionais (estados, Distrito Federal e municípios), todos entes autônomos, nos termos do já citado art. 18, o que tem por objetivo conferir unidade político-administrativa ao Estado federado. Nesse caso, a lei editada pelo Congresso Nacional é lei da federação, do Estado federal, e não propriamente da União em sua acepção mais comum. Destaque-se que as normas gerais de direito tributário e de direito financeiro são necessariamente veiculadas por meio de lei complementar e não ordinária, tendo em vista o disposto nos mencionados arts. 146, III, e 163 da CRFB/1988, o que ocorre, por exemplo, com o CTN e a Lei de Responsabilidade Fiscal (Lei Complementar nº 101/2000). Essas leis complementares, que objetivam harmonizar a disciplina jurídica das mencionadas matérias em âmbito nacional, posto vincularem o legislador de todos os entes políticos (União, estados, Distrito Federal e municípios), são normas da República federativa.

A mesma União, agora em sentido específico do termo, também expede normas, por meio de seu citado Parlamento federal, formado pela mesma Câmara de Deputados e pelo mesmo Senado, em razão do exercício de suas competências próprias, por ser ente federado autônomo. Pela ótica do direito constitucional, esse ente político situa-se no mesmo plano hierárquico dos demais entes federados (estados, Distrito Federal e municípios), nos termos do já citado art. 18 da CRFB/1988. Nesse momento cumpre ressaltar que, pela perspectiva das *funções institucionais* da União no Estado federal brasileiro, além da atribuição de editar normas gerais e, bem assim, exercer suas atividades normativas como ente político autônomo, e pessoa jurídica de direito público interno, a mesma União também é *longa manus* da sociedade nacional. Isso ocorre porque o presidente da República é ao mesmo tempo chefe de governo e de Estado, *representante* da República Federativa do Brasil no exterior, conforme o disposto nos arts. 21, I; 84, VIII; e 4º da CRFB/1988, matéria consagrada em jurisprudência do STF (RE nº 229.096 e ADI nº 1.600). Assim, consoante a estrutura jurídico-política-institucional do Estado brasileiro, a União, de acordo com uma interpretação sistemática da Constituição, exerce pelo menos três papéis institucionais fundamentais, os quais estão ora explícitos, e por vezes implícitos, no texto constitucional vigente. As três funções podem ser melhor compreendidas por meio da seguinte estratificação esquemática:

	1. Ente político autônomo – pessoa jurídica de direito público – art. 18, CRFB/1988.
Papéis jurídico-institucionais da União no Estado federal brasileiro	2. Ente coordenador da federação – art. 1º, *caput*, c/c art. 24, 1º, CRFB/1988.
	3. *Longa manus* da sociedade nacional – representante da República Federativa do Brasil no exterior – art. 1º, parágrafo único, c/c art. 4º, art. 84, VIII, CRFB/1988.

Com a adoção da forma federativa de Estado, a atribuição de diversas funções à União e a inevitável coexistência de múltiplas ordens jurídicas no território nacional, impõe-se a implementação de um sistema constitucional de repartição de competências entre as unidades federadas, o que inclui, também, a previsão de edição das já referidas normas gerais, ao lado das demais competências legislativas (privativa, concorrente, suplementar, delegada e originária) e das competências administrativas. Nesse sentido, deve ser destacado que a CRFB/1988, no art. 24, I, confere competência para a União, os estados e o Distrito Federal legislarem *concorrentemente* sobre direitos financeiro, orçamentário e tributário. Nessa hipótese, a prerrogativa da União, como ente político de coordenação, é limitada à expedição de normas gerais de caráter nacional, sendo atribuída, ao mesmo tempo, a *competência suplementar* aos estados. Corolário da autonomia federativa estampada nos arts. 1º, 18 e 60, §4º, I, da CRFB/1988, os municípios também têm a atribuição de suplementar a legislação federal e estadual (art. 30, II, da CRFB/1988), assim como de instituir e arrecadar tributos, aplicar suas rendas, submeter e prestar contas (art. 30, III, da CRFB/1988), analogamente às prerrogativas da União, dos estados e do Distrito Federal. Portanto, a determinação fixada no art. 163 da CRFB/1988, no sentido de que lei complementar federal disporá sobre finanças públicas, não afasta ou suprime a competência legislativa dos estados, do Distrito Federal e dos municípios.

Assim, o Brasil é usualmente qualificado como uma república federativa tridimensional, composta por três entes políticos internos distintos, diversamente do tradicional modelo dual adotado nos demais regimes federados, os quais são compostos por apenas dois entes. De fato, o art. 68 da Constituição da República dos Estados Unidos do Brasil de 1891 já consagrava a autonomia municipal em "tudo quanto respeite ao seu peculiar interesse", atribuição que foi se fortalecendo ao longo do tempo até seu ápice, no texto constitucional de 1988, quando os municípios alcançaram o *status* formal de entes federados, cujas prerrogativas vão muito além da autonomia meramente administrativa. Pela perspectiva tributária, o Distrito Federal cumula as competências dos estados (art. 155, *caput*, da CRFB/1988) e dos municípios (art. 147, segunda parte, da CRFB/1988).

O federalismo sempre foi objeto de estudo e controvérsia, posto tratar-se de um sistema de organização político-institucional de sobreposição (Miranda, 1985), ao contrário do Estado unitário simples, o qual contém apenas um parlamento, conforme já salientado. Portanto, a forma de Estado federado (Silva, 2000) pressupõe a existência e coordenação de múltiplas ordens jurídicas incidentes sobre o mesmo território, sendo mecanismo eficiente à limitação do poder central, com a vantagem de não possuir um modelo predefinido e estático.

Por outro lado, além de elevar o grau de complexidade jurídica interna, a adoção da forma de estado federado implica maiores desafios no sentido da integração do país em blocos regionais e sua participação ativa no processo de globalização de mercados, em especial no que alude às questões tributárias.

Saliente-se, ainda, que a federação pode conter caráter meramente nominal se os seus pressupostos fundamentais não forem verdadeiros e efetivos, isto é, a federação só existe materialmente se inviabilizada a possibilidade de usurpação de competências locais e de possível violação à autonomia política, administrativa e, principalmente, financeira dos entes subnacionais. Não obstante a impossibilidade de serem afastados esses núcleos essenciais do federalismo, cumpre repisar que essa forma de Estado caracteriza-se por ser maleável, uma vez que possibilita arranjos institucionais capazes de deixar aflorar o que há de melhor nas diversas áreas que compõem seu conjunto, adequado, portanto, àqueles países caracterizados (Kugelmas, 2001) pela diversidade interna, complexidade, permanente mutação e, em geral, pela grande extensão territorial. Assim, pela própria natureza das coisas, trata-se de uma solução complexa para realidades de países cujas características físico-geográficas, culturais, políticas, econômicas ou sociais apresentem obstáculos, muitas vezes intransponíveis, à imposição de um modelo único para todo o país, inviabilizando a gestão hierárquica tradicional de cima para baixo, de forma que o governo central seja tão forte que imponha uma relação de dependência para as unidades políticas locais.

Conforme já destacado, o sistema de repartição de competências materiais e legislativas – aí inserida a competência tributária (Veloso, 1992), que ao lado das receitas não tributárias e do sistema de partilha de recursos, forma o complexo mecanismo de financiamento federado – é o núcleo central do federalismo, pois delimita e configura o perfil da autonomia constitucional de cada regime, sendo certo que o grau de independência financeira das unidades subnacionais determina o grau de autonomia da federação. Assim, inexistente aquela, não há que se falar em federalismo, isto é, a autonomia financeira é um dos elementos nucleares do regime, podendo, no entanto, efetivar-se de diversas formas e com diferentes níveis de descentralização, especialmente pelo fato de que os recursos financeiros disponíveis para cada unidade federada realizar seus gastos – e cumprir os encargos constitucionalmente designados – corresponde ao conjunto:

- do somatório das receitas que cada unidade política obtém no exercício das respectivas competências tributárias, das receitas decorrentes da exploração de seu patrimônio, da exploração de atividades econômicas (comércio, agropecuária, indústria e serviços), das operações de crédito, da alienação de bens, do recebimento de amortização de empréstimos concedidos e, ainda, do *superávit* do orçamento corrente etc.; adicionado
- da parcela decorrente do sistema de repartição de receitas e de transferências intergovernamentais na federação, que podem ser voluntárias ou obrigatórias. Deve-se destacar que, de acordo com o art. 159 da CRFB/1988, a União tem de entregar 49% do produto da arrecadação dos impostos sobre a renda e proventos de qualquer natureza (IR) e sobre produtos industrializados (IPI), de sua competência, para estados, Distrito Federal e municípios.

O quadro 1 apresenta de forma esquemática a distribuição de competências entre os diversos entes políticos (União, estados, Distrito Federal e municípios) relativamente aos tributos, de acordo com a mencionada interpretação do Supremo Tribunal Federal (STF) acerca das diversas espécies discriminadas na Constituição de 1988.

Quadro 1 - Distribuição de competência tributária fixada na Constituição de acordo com o federalismo fiscal brasileiro

	União	Estados	Municípios
1. Impostos	1. Imposto de importação de produtos estrangeiros – art. 153, I. 2. Imposto de exportação, para o exterior, de produtos nacionais ou nacionalizados – art. 153, II. 3. Imposto de renda da pessoa física (IRPF) e jurídica (IRPJ) incidente sobre o ganho de capital apurado na alienação de bens e direitos – art. 153, III. 4. Imposto sobre produtos industrializados (IPI) – art. 153, IV. 5. Imposto sobre operações de crédito, câmbio e seguro, ou relativas a títulos e valores mobiliários (IOF) – art. 153, V. 6. Imposto sobre a propriedade territorial rural (ITR) – art. 153, VI. 7. Imposto sobre grandes fortunas (IGF) – art. 153, VII.	1. Imposto sobre a transmissão *causa mortis* e doação, de quaisquer bens ou direitos (ITCMD) – art. 155, I. 2. Imposto sobre operações relativas à circulação de mercadorias e sobre prestações de serviços de transporte interestadual e intermunicipal e *de comunicação*, ainda que as operações e as prestações se iniciem no exterior (ICMS) – art. 155, II. 3. Imposto sobre a propriedade de veículos automotores (IPVA) – art. 155, III.	1. Imposto sobre a propriedade territorial urbana (IPTU) – art. 156, I. 2. Imposto sobre a transmissão de bens imóveis (ITBI) – art. 156, II. 3. Imposto sobre serviços (ISS) de qualquer natureza, não compreendidos no art. 155, II, definidos em lei complementar – art. 156.
2. Taxas	Art. 145, II – taxas, em razão do exercício do (1) *poder de polícia* ou pela utilização, efetiva ou potencial, de (2) *serviços públicos* específicos e divisíveis, prestados ao contribuinte ou postos à sua disposição.	Art. 145, II – *taxas*, em razão do exercício do (1) *poder de polícia* ou pela utilização, efetiva ou potencial, de (2) *serviços públicos* específicos e divisíveis, prestados ao contribuinte ou postos à sua disposição.	Art. 145, II – *taxas*, em razão do exercício do (1) *poder de polícia* ou pela utilização, efetiva ou potencial, de (2) *serviços públicos* específicos e divisíveis, prestados ao contribuinte ou postos à sua disposição.
3. Contribuições de melhoria	Art. 145, III – contribuição de melhoria, decorrente de obras públicas.	Art. 145, III – contribuição de melhoria, decorrente de obras públicas.	Art. 145, III – contribuição de melhoria, decorrente de obras públicas.
4. Empréstimos compulsórios	"Art. 148. A União, mediante *lei complementar*, poderá instituir *empréstimos compulsórios*: I. para atender a despesas extraordinárias, decorrentes de calamidade pública, de guerra externa ou sua iminência; II. no caso de investimento público de caráter urgente e de relevante interesse nacional, observado o disposto no art. 150, III, "b". Parágrafo único. A aplicação dos recursos provenientes de empréstimo compulsório será vinculada à despesa que fundamentou sua instituição" [grifos nossos].		

	União	Estados	Municípios
5. Contribuições especiais	1. Contribuições sociais a) Gerais: salário-educação (art. 212, §5º) etc. b) Contribuição para a seguridade social em geral (art. 149 c/c art. 195): • contribuição para a previdência dos seus servidores (art. 149, *caput*, e art. 40). • outras contribuições sobre a folha de salários e demais rendimentos (previdenciárias do empregador), do trabalhador e demais segurados (previdência dos empregados), sobre o lucro (CSL), sobre a receita ou faturamento (Cofins), sobre a receita de concursos prognósticos, do importador de bens e serviços. c) Outras, de seguridade social (art. 195, §4º): • Programa de Integração Social (art. 239); • Programa de Formação do Patrimônio do Servidor Público (art. 239). 2. Intervenção no domínio econômico (art. 149, *caput*, §2º e art. 177, §4º) – Cide petróleo e outras de interventivas (AFRMM, Condecine etc.). 3. De interesse das categorias profissionais ou econômicas: contribuições compulsórias dos empregadores sobre a folha de salários, destinadas às entidades privadas de serviço social e formação profissional, vinculadas ao sistema sindical (art. 240), chamado sistema S, que compreende as contribuições para o Serviço Nacional de Aprendizagem Rural (Senar), para o Serviço Nacional de Aprendizagem de Transporte (Senat), para o Serviço Social de Transporte (Sest), para o Serviço Social da Indústria (Sesi), para o Serviço Nacional de Aprendizagem Comercial (Senac), para o Serviço Nacional de Aprendizagem Industrial (Senai), para o Serviço Social do Comércio (Sesc). Contribuição prevista no art. 8º, IV, da CRFB/1988.	1. Contribuição para a previdência dos seus servidores (art. 149, §1º e art. 40).	1. Contribuição para a previdência dos seus servidores (art. 149, §1º e art. 40).

	União	Estados	Municípios
6. Contribuição de iluminação pública			"Art. 149-A - Os municípios e o Distrito Fedral poderão instituir contribuição, na forma das respectivas leis, para o custeio do serviço de iluminação pública, observado o disposto no art. 150, I e II. Parágrafo único. É facultada a cobrança da contribuição a que se refere o *caput*, na fatura de consumo de energia elétrica."

Do rol acima referido, que discrimina as espécies tributárias existentes de acordo com as competências dos entes políticos, é possível inferir parte das razões que explicam a complexidade do sistema tributário nacional, além das sobreposições de atribuições legislativas e materiais, dada a forma de Estado federativa adotada no Brasil, apesar de substancial concentração do poder tributário nas mãos da União.

É oportuno salientar, ainda, que o poder constituinte derivado já modificou a Constituição *88* vezes desde sua promulgação, em outubro de 1988, até junho de 2015. Algumas das emendas foram editadas para suprimir, alterar ou incluir competências tributárias dos entes políticos. À guisa de ilustração, as seções I a VI do Capítulo I do Título VI da CRFB/1988, que regula o Sistema Tributário Nacional, já foram objeto de 13 emendas constitucionais, promulgadas em 27 anos de vigência da Constituição de 1988 (Emendas nºs 3/1993, 20/1998, 29/2000, 33/2001, 37/2002, 39/2002, 41/2003, 42/2003, 44/2004, 5.520/2007, 75/2013, 84/2014 e 87/2015).

Entre as alterações acima mencionadas, destaca-se a Emenda Constitucional nº 84, que acrescentou 1% nas citadas transferências do IR e do IPI para os municípios, razão pela qual, atualmente, 49% das receitas desses dois impostos são repassados pela União, e a Emenda Constitucional nº 87, de

16 de abril de 2015, que visa alterar a sistemática de incidência do ICMS nas operações e prestações interestaduais que destinem bens e serviços a consumidor final não contribuinte do imposto, conforme será detalhado na seção "As operações e prestações interestaduais e a Emenda Constitucional nº 87/2015" do capítulo 2.

O ICMS no contexto da federação

A Constituição de 1988, seguindo a lógica do repúdio ao excesso de centralismo (Silva, 2002), ampliou a base de incidência do antecedente imposto estadual sobre a circulação de mercadorias (ICM), incorporando ao novo tributo estadual, o ICMS, os antigos impostos únicos federais sobre transporte interestadual ou intermunicipal, comunicação, energia elétrica, lubrificantes e combustíveis líquidos ou gasosos e sobre minerais. Assim, ao contrário do que parece, não foi apenas o "S", em alusão aos serviços, que foi incluído no campo de incidência estadual. Merece destaque a incorporação da energia elétrica, do petróleo e dos combustíveis líquidos ou gasosos ao âmbito de incidência do ICMS, que antes eram tributados exclusivamente pela União.

A mensagem do constituinte originário parecia clara, no sentido da descentralização das finanças públicas do país.

Com o fortalecimento das finanças estaduais garantida na Constituição, infere-se que o constituinte objetivava garantir, ao mesmo tempo, a impossibilidade de usurpação de competências pela União e a acumulação de poderes na capital federal, pois, conforme destacado, toda vez que há concentração de poderes há tendência ao abuso.

Aurélio Guimarães Cruvinel e Palos (2011:4), consultor legislativo da Câmara dos Deputados, em artigo intitulado "A Constituição de 1988 e o pacto federativo fiscal" analisa a questão da seguinte forma:

> Na Constituição de 1988, concebida sob o espírito da redemocratização, a concepção do novo sistema de financiamento do Estado pautou-se por uma maior autonomia fiscal para Estados e Municípios. O novo texto constitucional confirmou a tendência de desconcentração financeira iniciada em meados da década de setenta, ao conferir aos Estados o poder para, autonomamente, fixarem alíquotas do ICM – principal tributo estadual, cuja base de incidência havia-se ampliado pela extinção de tributos federais. Paralelamente, cresceu também a repartição de receitas por meio das transferências intergovernamentais, principalmente em favor dos Municípios.
> Diante dessas mudanças, houve significativa mudança na distribuição da receita pública disponível entre os entes federativos. Em 1987, aproximadamente 64% da receita pública disponível pertencia à União; em 1991, a participação federal alcançava 53% do total de recursos arrecadados nas três esferas de governo.

Cumpre salientar, entretanto, que a CRFB/1988 não foi clara e precisa quanto à distribuição de encargos no âmbito da federação. Em diversas circunstâncias, apenas estabeleceu competências comuns à União, aos estados, ao Distrito Federal e aos municípios, sem definir e delimitar a atribuição de cada ente político, o que possibilitou ampla concorrência das diversas funções no âmbito da federação. Dessa forma, apesar da acentuada desconcentração das fontes de receitas para estados e municípios, não foi promovida de forma clara e precisa a descentralização das obrigações e encargos na mesma proporção ocorrida para as receitas. Nesse sentido destaca Palos (2011:5) que "em 1987, a União foi responsável por 50% da despesa pública efetuada; no período entre 1989 e 1993, a média anual de participação da União nas despesas atingiu 73%", o que denota um descompasso na distribuição de funções e encargos em face dos objetivos delineados pelo constituinte originário. Nessa linha, avalia Varsano (1997:14) que:

> [...] a Constituição de 1988, além de consolidar uma situação de desequilíbrio do setor público, concentrou a insuficiência de recursos na União e não proveu os meios, legais e financeiros, para que houvesse um processo ordenado de descentralização dos encargos. Por isso, tão logo ela foi promulgada, já se reclamava nova reforma do Estado brasileiro.

Conforme será visto, a pressão por maior arrecadação para fazer face aos crescentes gastos da União colocou em xeque a descentralização das finanças do país.

É de se ressaltar que, além da retirada daquelas importantes bases de tributação (transporte interestadual ou intermunicipal, comunicação, energia elétrica, lubrificantes e combustíveis líquidos ou gasosos e sobre minerais) da esfera do governo federal, o objetivo do constituinte originário, no sentido de conferir maior grau de autonomia financeira aos estados, pode ser constatado de forma inequívoca pela simples leitura da redação original do §3º do art. 155 da CRFB/1988, o qual determinava que, além do imposto sobre a importação de produtos estrangeiros (II); sobre exportação, para o exterior, de produtos nacionais ou nacionalizados (IE); de vendas a varejo de combustíveis líquidos e gasosos, exceto óleo diesel (IVVC) e do ICMS estadual, nenhum outro *tributo* (o qual, como visto, é gênero que comporta todas as espécies tributárias) incidiria sobre as operações relativas a energia elétrica, combustíveis líquidos e gasosos, lubrificantes e minerais do país (Costa, 2005).

Ressalte-se que a Emenda Constitucional nº 3/1993 suprimiu a competência dos municípios de instituírem imposto sobre as "vendas a varejo de combustíveis líquidos e gasosos, exceto óleo diesel". Fortalecia-se, assim, a exclusividade da tributação das operações com essas mercadorias e serviços pelos estados.

O Supremo Tribunal Federal, entretanto, distinguindo as *operações*, sobre as quais a Constituição atribuiu competência aos estados, do *faturamento* das empresas, fato gerador do PIS e da Cofins, exarou diversas decisões – AGRRE nº 205.355 (Finsocial); RE nº 144.971 e RE nº 230.337 (PIS/Pasep); RE nº 233.807-4; e RE nº 231.890/PB (Cofins) –, no sentido da constitucionalidade de exações federais (Finsocial, PIS/Pasep e Cofins), o que redundou na edição da Súmula nº 659 do STF, cujo enunciado prescreve: "É legítima a cobrança da COFINS, do PIS e do FINSOCIAL sobre as operações relativas a energia elétrica, serviços de telecomunicações, derivados de petróleo, combustíveis e minerais do País".

O referido posicionamento, que preponderou no âmbito do Supremo, garantiu o avanço da tributação da União sobre as citadas operações. Apesar de seu fundamento na aludida distinção entre as operações sobre as quais incidem o ICMS e o faturamento, que enseja a cobrança das contribuições sociais federais, e, bem assim, no princípio da solidariedade, segundo o qual todos devem contribuir para o financiamento da seguridade, a jurisprudência firmada pelo STF gerou pelo menos dois problemas graves. O primeiro foi o acirramento da competição fiscal no plano vertical, isto é, entre estados e a União, pois esses entes políticos passaram a disputar as mesmas e principais bases econômicas de incidência de tributos, as quais, em princípio, tinham sido reservadas pelo constituinte originário à tributação pelo ICMS. O segundo problema decorre da inevitável elevação da carga tributária suportada pelos brasileiros e, por via de consequência, dos preços da energia elétrica, dos serviços de telecomunicações, dos derivados de petróleo, dos combustíveis e dos minerais do país. O fenômeno decorre, obviamente, da concorrência entre dois entes tributantes sobre os mesmos substratos econômicos, os quais são incorporados aos custos dos bens e serviços, sem mencionar os denominados encargos setoriais cobrados pela União que, apesar de não caracterizados como tributos, oneram sobremaneira as mesmas atividades, como a reserva global de reversão, a conta de desenvolvimento energético, o encargo de energia de reserva, os encargos de serviços do sistema etc.

Além disso, considerando que 49% do IPI e do IR são partilhados com estados e municípios (art. 159 da CRFB/1988), conforme já ressaltado, e que as contribuições securitárias não são repartidas com os demais entes federados, a partir do aludido posicionamento do Supremo Tribunal Federal, a União passou a utilizar essas contribuições como instrumento de política arrecadatória, indicando a alteração, dessa forma, de seu critério de validação constitucional, que é a "finalidade" ensejadora de sua criação (Grecco, 2000).

O gráfico da figura 3 (Hauly, 2014), expressa esse movimento de migração da arrecadação federal para os tributos não compartilhados pela União, por meio do qual se constata que a participação dos impostos partilhados com estados e municípios (imposto de renda e do imposto sobre produtos industrializados), na receita total administrada pela Receita Federal do Brasil, caiu de 72,6%, em 1988, para 45,7%, em 2013.

Figura 3 - Migração da arrecadação federal para os tributos não compartilhados pela União

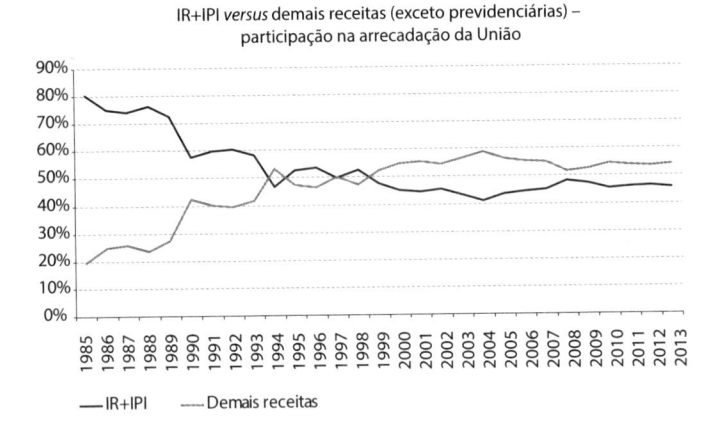

IR+IPI *versus* demais receitas (exceto previdenciárias) – participação na arrecadação da União

— IR+IPI   ---- Demais receitas

Na mesma linha, deve-se destacar que o IPI, cuja arrecadação é partilhada com estados e municípios, passou a servir, em algumas circunstâncias, como instrumento de redução do impacto de renúncia de receita federal relativamente às contribuições de seguridade social (que não são repartidas com estados e municípios). Exemplo dessa política, que parece violar de forma direta o pacto federativo estabelecido na CRFB/1988, é a concessão de crédito presumido do IPI, o que reduz a parcela das transferências constitucionais destinadas ao Fundo de Participação dos Estados (FPE), Fundo de

Exportação (FPEX), Fundo de Participação dos Municípios (FPM) e fundos regionais de desenvolvimento (FNO, FNE e FCO), para ressarcir PIS/Pasep e Cofins contidos nos produtos exportados, nos termos da Lei nº 9.363/1996 e da Lei nº 10.276/2001.

Em que pese às decisões do STF sobre a matéria, tendo em vista o desejo de ampliar a incidência das contribuições sociais e de intervenção no domínio econômico também às importações, apesar de a Lei nº 10.865, de 30 de abril de 2004, ter erigido a "entrada de bens estrangeiros no território nacional" (art. 3º) como fato gerador, o que, tecnicamente, não se confunde com a incidência sobre *operação*, a União considerou necessária a edição da Emenda Constitucional nº 33/2001, para alterar a redação do mencionado §3º do art. 155, e substituir a expressão "tributo" por "imposto", o que constitucionalizou o aludido posicionamento do Supremo Tribunal Federal, agora com a anuência do constituinte derivado.

A citada resposta da União, que se deu essencialmente por meio do aumento da carga tributária das receitas não partilhadas, em especial das contribuições sociais e de intervenção no domínio econômico, como já destacado, foi sintetizada por Palos (2011:5-6), nos seguintes termos:

> Diante de sua realidade fiscal após a promulgação da Constituição de 1988, a União, para confrontar suas crescentes dificuldades fiscais, viu-se impelida a aumentar sua receita disponível por meio de tributos não partilhados com Estados e Municípios – sobretudo a partir de 1994, com a redução do imposto inflacionário. Assim, elevaram-se as alíquotas de importantes contribuições sociais – tributos cumulativos e incidentes sobre

o setor produtivo. Além disso, criaram-se novas exações com incidência em cascata, fato que acentuou a perda de qualidade do sistema tributário brasileiro.

Conforme lembra Teixeira (2005), um fator de desequilíbrio era a prática, que parecia deliberada, de o governo federal, ao conferir incentivos ao setor produtivo, o fazer com tributos partilhados, como o Imposto sobre Produtos Industrializados – IPI, ou de implantar a incidência de um tributo não compartilhado e, concomitantemente, reduzir a incidência de um tributo compartilhado, incidente sobre o mesmo fato gerador. O gráfico a seguir apresenta a significativa redução na proporção da arrecadação dos impostos sobre renda e produtos industrializados, partilhados com Estados e Municípios por meio dos fundos de participação, e o total da arrecadação administrada pela Secretaria da Receita Federal.

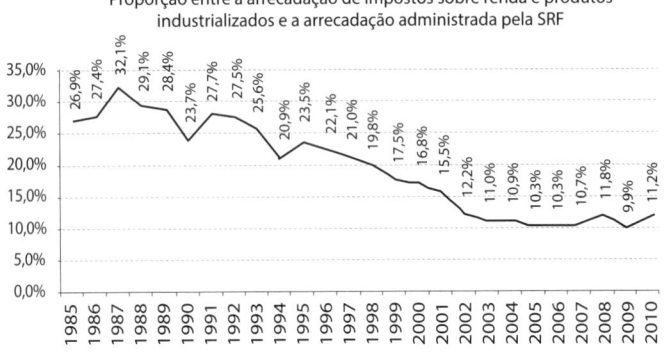

Proporção entre a arrecadação de impostos sobre renda e produtos industrializados e a arrecadação administrada pela SRF

Ano	%
1985	26,9%
1986	27,4%
1987	32,1%
1988	29,1%
1989	28,4%
1990	23,7%
1991	27,7%
1992	27,5%
1993	25,6%
1994	20,9%
1995	23,5%
1996	22,1%
1997	21,0%
1998	19,8%
1999	17,5%
2000	16,8%
2001	15,5%
2002	12,2%
2003	11,0%
2004	10,9%
2005	10,3%
2006	10,3%
2007	10,7%
2008	11,8%
2009	9,9%
2010	11,2%

Fonte: Palos (2011:6).

Como resultado de todos os citados eventos, constata-se um novo movimento das finanças no país: o reestabelecimento de forte concentração da arrecadação nas mãos da União após a década de 1990. Esse novo cenário comprova que a utilização das contribuições de intervenção na ordem social e econômica sobre as mesmas bases econômicas de incidência do ICMS ocasionou forte impacto não apenas sobre o aumento dos preços de bens e serviços essenciais. Também incrementou o peso relativo das receitas federais no total da arrecadação tributária e, ainda, inaugurou uma nova fase de centralização das finanças rumo ao Planalto Central, em sentido diametralmente oposto àquele objetivado pelo constituinte originário, agora com o aval do Supremo Tribunal Federal e do constituinte derivado.

Em relação aos tributos, aponta Palos (2011:7):

A União, sobretudo por meio das contribuições sociais, elevou sua carga tributária entre 1994 e 2008 em 27,8%. O gráfico a seguir apresenta a evolução da carga tributária desde a promulgação da Constituição.

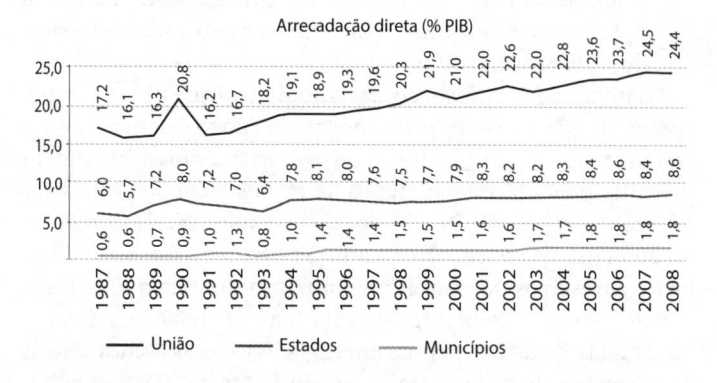

Arrecadação direta (% PIB)

Ano	União	Estados	Municípios
1987	17,2	6,0	0,6
1988	16,1	5,7	0,6
1989	16,3	7,2	0,7
1990	20,8	8,0	0,9
1991	16,2	7,2	1,0
1992	16,7	7,0	1,3
1993	18,2	6,4	0,8
1994	19,1	7,8	1,0
1995	18,9	8,1	1,4
1996	19,3	8,0	1,4
1997	19,6	7,6	1,4
1998	20,3	7,5	1,5
1999	21,9	7,7	1,5
2000	21,0	7,9	1,5
2001	22,0	8,3	1,6
2002	22,6	8,2	1,6
2003	22,0	8,2	1,7
2004	22,8	8,3	1,7
2005	23,6	8,4	1,8
2006	23,7	8,6	1,8
2007	24,5	8,4	1,8
2008	24,4	8,6	1,8

Fonte: Palos (2011:7).

Conclui Palos (2011) que:

> Estado e Municípios, contudo, não dispuseram de competências suficientes para elevar sua carga tributária em níveis suficientes para reequilibrar suas finanças. Os Estados mantiveram sua carga tributária praticamente inalterada desde o Plano Real.

Outro fator que potencializou as tensões entre os Estados e a União foi a instituição do denominado Simples Nacional, regime tributário aplicável às micro e pequenas empresas, matéria a ser examinada no capítulo 2.

Conforme será visto a seguir, a reação dos estados se deu basicamente com a utilização combinada de três instrumentos ao longo do tempo:

- o aumento de alíquotas nominais do ICMS;
- a concessão de benefícios e incentivos fiscais objetivando a atração de investimentos em seus territórios e o consequente estímulo à atividade econômica;
- a ampla adoção do regime de substituição tributária "para frente" do ICMS para um número cada vez maior de mercadorias.

Relativamente à elevação das alíquotas, cabe observar que apesar de gerar um impacto no curto prazo, aumentando a arrecadação, a medida traz consigo obstáculos à iniciativa privada, pois acarreta aumento de custos além de prejudicar a livre concorrência, tendo em vista a inevitável ocorrência do aumento da sonegação e a adoção de planejamentos tributários agressivos por parte dos contribuintes. Há que se mencionar, ainda, a dependência estadual em relação a poucas bases de tributação, como a energia elétrica, os combustíveis e os serviços de comunicação. As alíquotas do ICMS incidente sobre fornecimento de energia elétrica e sobre a prestação de serviço de comunicação no estado do Rio de Janeiro, por exemplo, aumentaram, desde o final da década de 1990, de 18% para o patamar de 30%, o que tem sido objeto, inclusive, de contestação no âmbito do Poder Judiciário, conforme será examinado oportunamente.

Antes, porém, vale ressaltar que, além das tensões no plano vertical, com a União, há diversas interfaces conflituosas da política tributária estadual com os municípios e o Distrito Federal, no que diz respeito, em especial, ao exercício de competência relativa à delimitação do campo de incidência do imposto sobre serviços de qualquer natureza (ISSQN), o que também tem potencial de reduzir a base de tributação dos estados. De acordo com a Constituição (art. 156 da CRFB/1988), o ISSQN não pode incidir sobre os serviços submetidos à incidência do ICMS, e deve ser necessariamente fixado em lei complementar, papel atualmente realizado pela Lei Complementar nº 116/2003.

Já no plano horizontal, isto é, na interface entre os próprios estados e o Distrito Federal, relativamente ao ICMS, a relação também tem sido muito conflituosa, o que tem ensejado designações como a famosa "guerra fiscal", tendo em vista as tentativas unilaterais de concessão de incentivos e benefícios fiscais com o objetivo de atrair empresas para que invistam nos respectivos territórios.

Apesar da descentralização da competência tributária, ou seja, a dispersão do poder-dever de instituir, exigir e administrar o imposto ao longo do território nacional, o ICMS mantém elevada relevância nacional, tendo em vista a intensa integração e fluxo comercial existente entre todas as regiões do país.

Essa característica do ICMS, dentro do modelo federativo brasileiro, aliada a seu perfil plurifásico e não cumulativo (que serão examinadas a seguir e que possibilitam a adoção de políticas tributárias agressivas para atração de investimentos), tornou necessária a adoção de medidas de restrição a um dos aspectos da competência tributária dos entes tributantes: a prerrogativa de exonerar ou de dispensar o imposto estadual.

A preocupação em restringir a possibilidade de os estados concederem benefícios fiscais unilateralmente foi manifestada já em 1967, quando da edição do Ato Complementar nº 34, de 30 de janeiro de 1967, pelo presidente da República, marechal Castello Branco, o qual teve origem em apelos dos secretários de Fazenda dos estados, claramente demonstrados nas considerações iniciais do ato, que davam conta de que:

> [...] a concessão de isenções, reduções e outros favores fiscais no que se refere ao imposto sobre circulação de mercadorias constitui matéria de relevante interesse para a economia nacional e para as relações interestaduais;
> [...]
> [...] por motivos relevantes de interesse nacional se faz necessário dar plena efetividade à solução convencional do problema da harmonização das políticas estaduais de isenções e reduções de imposto sobre circulação de mercadorias.

O art. 1º do referido Ato Complementar nº 34/1967 dispunha que:

> os Estados e Territórios situados em uma mesma região geoeconômica [...] celebrarão convênios estabelecendo uma política

comum em matéria de isenções, reduções ou outros favores fiscais, relativamente ao imposto sobre circulação de mercadorias.

Posteriormente, com o advento da Constituição Federal de 1967 (conforme a Emenda Constitucional nº 1/1969), surgiu a necessidade de a concessão de benefícios fiscais no âmbito do ICM ser realizada por meio de "convênios, celebrados e ratificados pelos Estados, segundo o disposto em lei complementar" (art. 23, §6º). A lei complementar em questão, no entanto, foi editada apenas em 7 de janeiro de 1975, como LC nº 24/1975.

A Constituição da República de 1988 manteve essa exigência no seu art. 155, §2º, XII, "g", pelo qual cabe à lei complementar, no âmbito do ICMS, "regular a forma como, mediante deliberação dos Estados e do Distrito Federal, isenções, incentivos e benefícios fiscais serão concedidos e revogados".

Importante ressaltar, ainda, que a citada LC nº 24/1975 foi expressamente recepcionada pelo art. 34, §8º, do ADCT da CRFB/1988, inclusive quanto aos termos em que os atos concessivos de benefícios são editados, conforme revela a literalidade do dispositivo:

> §8º. Se, no prazo de sessenta dias contados da promulgação da Constituição, não for editada a lei complementar necessária à instituição do imposto de que trata o art. 155, I, "b", os Estados e o Distrito Federal, mediante convênio celebrado *nos termos da Lei Complementar nº 24, de 7 de janeiro de 1975*, fixarão normas para regular provisoriamente a matéria [grifos nossos].

O art. 1º, *caput* e parágrafo único da LC nº 24/1975, estabelece que medidas redutoras da carga fiscal do ICMS "serão concedidas ou revogadas nos termos de convênios celebrados e ratificados pelos Estados e pelo Distrito Federal". Inclui, no rol de abrangência dos convênios, tanto a concessão de isenções, de reduções da base de cálculo, a devolução do tributo, a concessão de créditos presumidos e "quaisquer outros incentivos ou favores fiscais ou financeiro-fiscais [...] dos quais resulte redução ou eliminação, direta ou indireta, do respectivo ônus" (ver art. 1º, parágrafo único, incisos I a III e V), quanto o estabelecimento de condições gerais para concessão de anistia, remissão, transação, moratória, parcelamento de débitos fiscais e ampliação do prazo de recolhimento do imposto de circulação de mercadorias (ver art. 10).

Vale dizer que esses convênios são editados no âmbito do Conselho Nacional de Política Fazendária (Confaz), em reuniões para as quais são convocados representantes do Poder Executivo de todos os estados e do Distrito Federal (os secretários de Fazenda ou Finanças), sendo exigível a *unanimidade* de votos para que seja autorizado ou concedido o favor fiscal do ICMS.

A ausência de convênio celebrado entre as unidades federadas para dar suporte a benefício fiscal já foi, em reiteradas oportunidades, declarada pelo STF como fundamento para a declaração da inconstitucionalidade de lei concessiva de favor fiscal. A questão que se apresenta, no entanto, diz respeito à excessiva demora para o julgamento de uma ação direta de inconstitucionalidade (ADI), o que acaba por tornar o benefício atrativo para os contribuintes, ao passo que as vantagens econômicas auferidas se sobrepõem a eventual ônus proveniente da sua posterior declaração de inconstitucionalidade.

Esse aspecto foi trazido à baila em sessão realizada no dia 1º de junho de 2011, quando o STF julgou as ADIs nºs 3.794/PR, 2.688/PR, 3.702/ES, 3.664/RJ, 3.803/PR, 4.152/SP e 2.549/DF, repisando o entendimento no sentido de que:

[...] não pode o Estado-membro conceder isenção, incentivo ou benefício fiscal, relativos ao Imposto sobre Circulação de Mercadorias e Serviços – ICMS, de modo unilateral, mediante decreto ou outro ato normativo, sem prévia celebração de convênio intergovernamental no âmbito do CONFAZ [ADI nº 4.152/SP].

Nessa ocasião ficou clara a preocupação dos ministros com o problema da chamada "guerra fiscal". Após o julgamento das ADIs, de relatoria do ministro Cezar Peluso (ADIs nos 3.664/RJ, 3.803/PR e 4.152/SP), o ministro Gilmar Mendes destacou ter se tornado prática reiterada a concessão de benefícios unilaterais do ICMS à revelia do Confaz, chegando-se, até mesmo, a se falar do surgimento de ilegalidades perpetradas pelos estados amparadas em uma legítima defesa dentro desse ambiente de guerra fiscal.

Diante desse cenário, o ministro Gilmar Mendes chegou a mencionar a possibilidade de se conceber uma modalidade especial, com enfoque político, para julgamento das ADIs relacionadas ao tema e ressaltou a necessidade de se instaurar um modelo mais eficaz para o julgamento das ações diretas, no que foi seguido pelo próprio ministro Peluso e pela ministra Cármen Lúcia.

Ao final, o ministro Peluso sugeriu a apreciação em conjunto, em todos os casos semelhantes pendentes de julgamento, dos pedidos de concessão de liminar, de forma a se tentar evitar o favorecimento de entes federados ainda não alcançados pelas ADIs, sendo emendado pelo ministro Ayres Britto, que afirmou que tal medida: "teria um efeito final profilático".

A relevância da matéria levou os ministros a proporem a edição de uma súmula vinculante sobre a matéria, o que resultou na Proposta de Súmula Vinculante (PSV) nº 69, cujo edital foi publicado em 24 de abril de 2012, contendo a seguinte proposta de verbete:

> Qualquer isenção, incentivo, redução de alíquota ou de base de cálculo, crédito presumido, dispensa de pagamento ou outro benefício fiscal relativo ao ICMS, concedido sem prévia aprovação em convênio celebrado no âmbito do CONFAZ, é inconstitucional.

Com a edição da súmula vinculante, ficaria autorizado o manejo da reclamação constitucional sempre que ato administrativo ou decisão judicial contrariasse ou aplicasse indevidamente seu comando. Caso o STF julgue procedente a reclamação, anulará o ato administrativo ou cassará a decisão judicial reclamada e determinará que outra seja proferida (art. 103-A, §3º, da CRFB/1988), o que agiliza sobremaneira o afastamento de eventual ato concessivo de benefício de forma unilateral, isto é, sem o mencionado convênio aprovado pela unanimidade dos estados e do Distrito Federal. Com efeito, até a presente data, não foi editada a referida súmula vinculante.

Por outro lado, devem ser analisadas com cuidado as diversas consequências para os contribuintes que usufruem dos benefícios, caso sejam declarados inválidos pelo STF. Isso porque, alguns contribuintes, seja por considerarem aspectos concorrenciais, sem preocupação de realização de reservas de contingências, seja por confiarem na constitucionalidade da norma que concedeu o benefício, muitas das vezes investiram em larga escala no estado, gerando arrecadação, empregos etc., e, de uma hora para outra, podem se deparar com uma autuação visando à cobrança de todo aquele valor de ICMS que deixou de ser recolhido por cinco anos, juntamente com os juros e as multas respectivas. Ainda, se todas as iniciativas estatais de tentar regularizar a situação dessas empresas, ao conceder a remissão dos juros e da multa, permitindo também o parcelamento do débito tributário com um período de carência, forem inviabilizadas por decisões do Judiciário, tais empresas poderão passar por crises financeiras que poderão, inclusive, levá-las à falência, gerando diversas externalidades negativas, como a diminuição dos empregos e da arrecadação de tributos.

A chamada guerra fiscal entre os estados é possibilitada pela influência que a política concessiva de benefícios e incentivos fiscais adotada por determinado ente exerce sobre a arrecadação das demais unidades federadas, o que pode ocorrer de duas formas:

- a primeira, em razão do aproveitamento de créditos do imposto, que, em operações interestaduais, transfere para o estado de destino a obrigatoriedade de suportar créditos contra si que não representaram débitos efetivos no estado de origem, obrigando-o a compactuar com a desoneração fiscal que opera indiretamente em seu desfavor;
- a segunda, em razão da interferência dos tributos no custo e no preço dos bens e serviços, o que impacta as decisões de negócio privado, estimulando o deslocamento de atividades produtivas de um para outro estado, direcionando-as a regimes fiscais mais atrativos.

Na tentativa de conter a concessão de incentivos sem amparo em convênio, os estados, aproveitando-se da sistemática não cumulativa do tributo, já conceberam diversas formas de retaliação à utilização de benefícios notadamente inconstitucionais. A principal forma refere-se à glosa do crédito do contribuinte destinatário, isto é, a unidade federada proíbe o crédito da parcela que ultrapasse o efetivo recolhimento realizado pelo contribuinte remetente localizado em outro estado e favorecido por benefício fiscal. Essas práticas, todavia, já foram afastadas pelos tribunais superiores (STF e STJ), que entendem não caber ao estado o juízo quanto à correção da lei ou ato normativo, e, portanto, ser vedada qualquer retaliação unilateral enquanto não declarada sua inconstitucionalidade.

Uma vez apresentados os aspectos estruturais da tributação no Brasil e introduzidas as características mais relevantes dos antagonismos federativos entre os estados e a União, no próximo capítulo, após a apresentação do ICMS como imposto plurifásico, não cumulativo e indireto, serão ressaltadas as distintas posições dos sujeitos da relação tributária: o sujeito passivo de um lado, que pode ser o contribuinte ou o responsável, e, de outro, o sujeito ativo, isto é, a Fazenda Pública. Posteriormente examinar-se-á a chamada substituição tributária (ST) das operações e prestações "subsequentes": a ST "progressiva" ou "para frente" (termos utilizados indistintamente neste trabalho).

Capítulo 2

A substituição tributária nas operações sujeitas ao ICMS

O ICMS: imposto não cumulativo e indireto

O imposto sobre as operações relativas à circulação de mercadorias e sobre prestações de serviços de transporte interestadual e intermunicipal e de comunicação (ICMS) – ainda que as operações e as prestações se iniciem no exterior, conforme já destacado – é tributo de competência privativa dos estados e do Distrito Federal.

É importante salientar, entretanto, o caráter substancialmente nacional desse imposto estadual, tendo em vista que suas normas gerais, nos termos e limites estabelecidos na Constituição de 1988, consubstanciam matéria reservada à disciplina por meio de lei complementar (vide ADI nº 773 e o voto do ministro Celso de Mello na ADI nº 2.377). Com efeito, de acordo com o art. 155, §2º, XII, da CRFB/1988, dispositivo que concerne ao ICMS, cabe à lei complementar de caráter nacional:

a) definir seus contribuintes;
b) dispor sobre substituição tributária;
c) disciplinar o regime de compensação do imposto;
d) fixar, para efeito de sua cobrança e definição do estabelecimento responsável, o local das operações relativas à circulação de mercadorias e das prestações de serviços;
e) excluir da incidência do imposto, nas exportações para o exterior, serviços e outros produtos além dos mencionados no seu inciso X, "a" [não tem mais sentido esta atribuição, tendo em vista que após a edição da Emenda Constitucional nº 42/2003 ampliou-se a não incidência para todas as operações e prestações destinadas ao exterior];
f) prever casos de manutenção de crédito, relativamente à remessa para outro estado e exportação para o exterior, de serviços e de mercadorias;
g) regular a forma como, mediante deliberação dos estados e do Distrito Federal, isenções, incentivos e benefícios fiscais serão concedidos e revogados;
h) definir os combustíveis e lubrificantes sobre os quais o imposto incidirá uma única vez, qualquer que seja a sua finalidade, hipótese em que não se aplicará o disposto no seu inciso X, "b";
i) fixar a base de cálculo, de modo que o montante do imposto a integre também na importação do exterior de bem, mercadoria ou serviço.

Conforme já destacado, o constituinte originário, prevendo que o Congresso Nacional não aprovaria a lei complementar de que trata o citado art. 155, §2º, XII, da CRFB/1988 com a celeridade requerida, estabeleceu, no art. 34, §8º, dos Atos das Disposições Constitucionais Transitórias (ADCT), uma regra de transição, isto é, os poderes executivos dos estados e do Distrito Federal editariam um ato conjunto para disciplinar de forma temporária as normas gerais do ICMS em caso de omissão do Congresso Nacional.

Assim, transcorrido o prazo de 60 dias fixado no dispositivo sem que tivesse havido a aprovação da mencionada lei complementar pelo Parlamento, os estados e o Distrito Federal celebraram o Convênio ICM nº 66, de 14 de dezembro de 1988, nos termos da citada Lei Complementar nº 24/1975, norma recepcionada expressamente pelo já transcrito dispositivo dos ADCT.

O Convênio ICM nº 66/1988 fixou, em seu Anexo único, as normas gerais necessárias à incidência do ICMS até dezembro de 1996. O citado convênio, de natureza especialíssima, extraía seu fundamento de validade diretamente da Constituição, sendo, portanto, ato normativo de natureza primária autorizado a estabelecer disciplina inclusive no que se referiam aos novos fatos geradores, bases de cálculo, responsabilidade, substituição tributária e creditamento nas hipóteses não alcançadas pelo antigo ICM, como foi o caso, por exemplo, dos serviços de comunicação (RE nº 144.795).

Atualmente, a Lei Complementar nº 87, de 13 de setembro de 1996, de âmbito nacional, estabelece as normas gerais do imposto estadual.

O ICMS é imposto multifásico, pois incide em todas as etapas da circulação de mercadorias e da prestação de alguns serviços, sendo não cumulativo, nos termos do art. 155, §2º, I, da CRFB/1988, o que assegura, por meio do mecanismo da compensação, que o imposto incidente e cobrado nas operações e prestações anteriores implica crédito escritural, a deduzir do montante devido nas operações subsequentes.

O ICMS foi constitucionalmente desenhado para que seu encargo financeiro seja repassado ao consumidor final, razão pela qual é considerado imposto incidente sobre o consumo.

Essa característica decorre da combinação de dois dispositivos constitucionais, a saber:

a) o disposto no art. 155, §2º, I, o qual estabelece que o ICMS "será não cumulativo compensando-se o que for devido em cada operação relativa à circulação de mercadorias ou prestação de serviços com o montante cobrado nas anteriores pelo mesmo ou outro Estado ou pelo Distrito Federal", o que objetiva, como regra geral, que o imposto estadual incida somente sobre o valor adicionado em cada etapa de circulação;

b) o contido no art. 155, §2º, XII, "i", que dispõe caber à lei complementar "fixar a base de cálculo, de modo que o montante do imposto a integre, também na importação do exterior de bem, mercadoria ou serviço", ou seja, o preço da mercadoria ou do serviço objeto de incidência compreende, também, o montante do imposto estadual. Esse dispositivo foi introduzido na Constituição pela Emenda Constitucional nº 3/1993. Saliente-se, entretanto, que antes da alteração constitucional para introduzir a aludida alínea "i", a Lei Complementar nº 87/1996, no §1º do art. 13, o Convênio ICM nº 66/1988, com fulcro na autorização constitucional contida no citado art. 34, §8º, dos ADCT, já determinava que o ICMS deveria ser incluído em sua própria base de cálculo. O Supremo Tribunal Federal, no RE nº 212.209, já havia se pronunciado, antes mesmo da edição da Emenda Constitucional nº 33/2001, no sentido da constitucionalidade do denominado "cálculo por dentro", isto é, que a inclusão do ICMS em sua própria base de cálculo não violava o princípio da não cumulatividade.

Dessa forma, o ICMS deve estar incluído no próprio preço cobrado nas diversas fases de circulação, motivo pelo qual o montante total incidente em todas as fases será repassado ao consumidor final, o qual arca com o encargo financeiro do imposto estadual. Por meio do sistema de créditos e débitos, conforme será abaixo apresentado, garante-se a realização do princípio da não cumulatividade, motivo pelo qual o imposto estadual é usualmente enquadrado como tributo que incide sobre o valor adicionado em cada etapa de circulação.

No caso do ICMS, portanto, há repercussão *constitucional* obrigatória, independentemente da realidade econômica subjacente a influenciar as alterações de preços nas diversas etapas de circulação.

Nesse sentido, aplica-se o disposto no art. 166 do CTN na hipótese de pedidos de restituição de indébito, isto é, tendo em vista ser tributo que comporta a transferência do "encargo financeiro" a terceiros, a restituição de indébito do ICMS somente "será feita a quem prove haver assumido o referido encargo, ou, no caso de tê-lo transferido a terceiro, estar por este expressamente autorizado a recebê-la", que é o consumidor final.

A figura 4 auxilia a compreensão do que foi até aqui exposto em relação ao ICMS, supondo a alíquota nominal do imposto fixada em 10%, conforme lei do Estado "X", onde ocorrem todas as transações.

Vejam o seguinte caso hipotético:

1. a indústria "A" não realizou qualquer aquisição no período e somente vendeu para o atacadista "B" mercadorias no valor total de R$ 100,00, montante que inclui o ICMS destacado na nota fiscal no valor de R$ 10,00;

2. o atacadista "B" somente realizou aquisições da indústria "A" e vendeu exclusivamente para o varejista "C" as mesmas mercadorias adquiridas pelo valor de R$ 200,00, preço total que contém ICMS correspondente a R$ 20,00, consignado na nota fiscal de venda;
3. o varejista "C" vendeu todo o seu estoque, que era composto apenas pelas mercadorias adquiridas do atacadista "B", por R$ 400,00, preço ao consumidor final que contém ICMS destacado no valor de R$ 40,00.

O repasse do tributo para as etapas subsequentes até o consumidor final ocorre por meio do pagamento do preço, o qual compreende também o ICMS incidente em cada fase, ou seja, o imposto está incluído no valor pago pelo atacadista ao industrial (ICMS de R$ 10,00 incluído no preço pago, equivalente a R$ 100,00), no montante pago pelo varejista ao atacadista (ICMS de R$ 20,00, correspondente a R$ 10,00 da primeira etapa e R$ 10,00 da segunda fase, montante incluído no preço de R$ 200,00) e, por fim, no preço pago pelo consumidor final ao varejista, o qual compreende os R$ 40,00 de ICMS incidente em todas as etapas, montante incluído no preço final de R$ 400,00. Constata-se, dessa forma, que, considerando um mercado próximo ao de concorrência perfeita, em que os preços são fixados pelo mercado e não através de fixação de margem de lucro (*mark-up*), mantida uma alíquota constante, o total arrecadado pelo imposto incidente sobre o valor adicionado (IVA) em todas as fases de circulação corresponde ao mesmo montante alcançado caso seja aplicado um imposto monofásico na etapa do varejista.

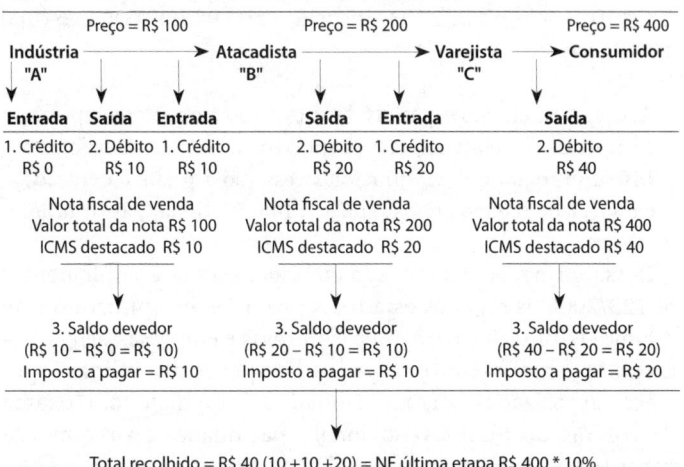

Figura 4 - O ICMS nas diversas etapas de circulação de mercadorias

Preço = R$ 100		Preço = R$ 200		Preço = R$ 400	
Indústria "A"	→	Atacadista "B"	→	Varejista "C"	→ Consumidor
Entrada	**Saída**	**Entrada**	**Saída**	**Entrada**	**Saída**
1. Crédito R$ 0	2. Débito R$ 10	1. Crédito R$ 10	2. Débito R$ 20	1. Crédito R$ 20	2. Débito R$ 40
	Nota fiscal de venda Valor total da nota R$ 100 ICMS destacado R$ 10		Nota fiscal de venda Valor total da nota R$ 200 ICMS destacado R$ 20		Nota fiscal de venda Valor total da nota R$ 400 ICMS destacado R$ 40
	3. Saldo devedor (R$ 10 – R$ 0 = R$ 10) Imposto a pagar = R$ 10		3. Saldo devedor (R$ 20 – R$ 10 = R$ 10) Imposto a pagar = R$ 10		3. Saldo devedor (R$ 40 – R$ 20 = R$ 20) Imposto a pagar = R$ 20

Total recolhido = R$ 40 (10 +10 +20) = NF última etapa R$ 400 * 10%

Pode-se segmentar a análise da apuração do ICMS devido com base no regime de compensação em dois planos.

Ao lado do regime de compensação, comumente denominado regime normal de apuração, a LC nº 87/1996 (art. 26) faculta que a lei estadual estabeleça regimes especiais de determinação e pagamento do ICMS, destacando-se, entre eles, os calculados por estimativa, em função do porte ou da atividade exercida, e cujo valor do imposto é fixo e pago em parcelas periódicas ou, ainda, em montante correspondente a um percentual determinado da receita bruta ou do faturamento do contribuinte, eliminando-se, em regra, o direito ao crédito do imposto pago nas etapas antecedentes. Saliente-se, entretanto, no que se refere ao regime tributário das microempresas e das empresas de pequeno porte, que a Emenda Constitucional nº 42/2003, inseriu o art. 94 no ADCT, o qual estabelece:

> Art. 94. Os regimes especiais de tributação para microempresas e empresas de pequeno porte próprios da União, dos Estados, do Distrito Federal e dos Municípios cessarão a partir da entrada em vigor do regime previsto no art. 146, III, d, da Constituição.

Dessa forma, com a entrada em vigor da Lei Complementar nº 123/2006 os regimes estaduais próprios disciplinadores de regimes tributários para microempresas e empresas de pequeno porte foram extintos, ressalvadas apenas disciplinas específicas autorizadas pela mencionada LC. Com efeito, o exame das regras do Simples Nacional relacionadas ao regime de substituição tributária será realizado adiante, neste capítulo. Cabe ressaltar que o Simples Nacional tem sido fator adicional de tensão entre a União e as unidades federadas, além daqueles mencionados no capítulo 1. Isso ocorre em razão do elevado número de contribuintes que aderem ao sistema associado à diminuição da carga tributária do ICMS imposta pela LC nº 123/2006, em razão do aumento das faixas de faturamento para adesão ao regime e também pela limitação de mercadorias passíveis de sujeição ao regime de substituição tributária.

O citado primeiro plano de análise da apuração do ICMS devido com base no regime de compensação é corolário da operação ou prestação individualmente considerada. Isto é, o empresário deve identificar, pela ótica jurídico-tributária, cada negócio realizado, seja uma aquisição de insumo, de material de consumo, de ativo imobilizado, a importação de mercadoria, bem ou serviço, a venda de mercadoria, a alienação de ativo já obsoleto, a exportação, a prestação de serviço etc. Nessa fase, são identificados e contabilizados os créditos e débitos do imposto por operação ou prestação, os quais devem ser individualmente escriturados nos livros fiscais próprios (livro "registro de entradas" e livro "registro de saídas"), o que se realiza, hoje, por meio da escrituração fiscal digital (EFD).

O chamado crédito do ICMS, que confere efetividade ao princípio/técnica da não cumulatividade, é duplamente condicionado, pois depende, em regra, da incidência na operação ou prestação subsequente e corresponde ao montante destacado no documento fiscal de entrada da mercadoria ou do serviço tomado, sujeito à efetiva incidência na etapa de circulação antecedente. O crédito do ICMS, além de duplamente condicionado, não é financeiro, pois corresponde àquele decorrente de mercadoria empregada na industrialização, comercialização ou prestação de serviço, bem como a contratação de serviços de transporte interestadual e intermunicipal ou de comunicação. Isso porque, a própria CRFB/1988 prevê restrições ao aproveitamento do crédito nos casos de isenção ou não incidência, salvo nas hipóteses expressamente definidas na legislação tributária (art. 155, §2º, II, "a" e "b", CRFB/1988).

Por outro lado, o denominado débito do ICMS, a ser destacado no documento fiscal emitido pelo sujeito passivo, refere-se ao imposto incidente em cada saída de mercadoria ou na prestação de serviço realizada, a ser totalizado conforme indicado a seguir, no denominado segundo plano de análise.

Ressalte-se, entretanto, que em algumas circunstâncias, como é a hipótese, por exemplo, da importação, caso em que o imposto incide no momento do desembaraço aduaneiro e seu pagamento consubstancia requisito à liberação da mercadoria, o imposto é exigido de forma apartada, em documento de arrecadação com código de receita próprio e específico, quando da ocorrência do fato gerador e independentemente da apuração do conjunto das operações e prestações a que se refere o segundo plano de análise proposto. Nesse caso da importação, o imposto pago poderá, em regra, ser aproveitado como crédito, nos mesmos termos a seguir explicitados.

O pagamento do ICMS devido por substituição tributária relativamente às operações subsequentes representa outra hipótese de pagamento apartado, independentemente da apuração das operações e prestações próprias. Nessa hipótese, porém, o imposto pago por substituição tributária não será objeto de compensação.

Já o segundo plano da análise consiste na verificação do conjunto das operações e prestações realizadas em determinado período fixado para apuração e pagamento do imposto. Nesse momento, o conjunto dos débitos e dos créditos, inclusive aqueles decorrentes dos pagamentos realizados pelo próprio contribuinte em documento de arrecadação específico, separadamente, como é o caso da importação, são confrontados e apurados no livro "registro de apuração do ICMS" (RAICMS), a fim de que seja determinado o saldo final do período.

Do confronto de débitos e créditos pode resultar: (a) saldo zero; (b) saldo devedor, se o agregado de débitos do período for superior ao dos créditos, o que identifica imposto a pagar no período; ou (c) saldo credor, o qual poderá ser, nos termos da legislação pertinente, utilizado pelo próprio estabelecimento na aquisição de insumos, absorvido por outro estabelecimento, transferido para outro contribuinte, ou simplesmente aproveitado em período subsequente.

A fim de emitir o documento fiscal relativo à saída de mercadoria ou à prestação de serviço, o contribuinte deve, preliminarmente, identificar onde ocorreu o fato gerador do imposto, o denominado local da operação ou prestação, o que determina quem é o sujeito ativo da obrigação tributária.

De acordo com a sistemática ora vigente, há perfeita sintonia entre as regras de determinação do local em que ocorre a hipótese de incidência, expressão do princípio da territorialidade, com a definição do ente beneficiário da arrecadação. Em outros termos, o local de ocorrência do fato estabelece a unidade federada competente e investida na qualidade de sujeito ativo, bem como a correlata titularidade do imposto arrecadado. Desse modo, após o exame das regras relativas às operações e prestações interestaduais, serão analisadas as hipóteses constitucionalmente previstas que excepcionam essa regra.

Definida a sujeição ativa da obrigação, impõe-se determinar a alíquota aplicável, a base de cálculo, além de possível enquadramento do caso em hipótese de isenção, não incidência, imunidade ou outro benefício previsto em legislação específica. A definição da base de cálculo, no caso de substituição tributária "para frente", como será visto, é um dos grandes desafios do regime, tendo em vista que o pagamento do ICMS antecede a ocorrência do fato econômico eleito como fato gerador da obrigação tributária, matéria que será estudada oportunamente.

A CRFB/1988 estabelece que as alíquotas do ICMS podem ser seletivas, em função da essencialidade das mercadorias e dos serviços (art. 155, §2º, III). Por sua vez, de forma diversa, a alíquota do IPI federal tem de ser necessariamente seletiva (art. 153, §3º, I, da CRFB/1988).

Em que pese à facultatividade expressa no texto constitucional, relativamente ao ICMS, na Arguição de Inconstitucionalidade nº 2008.017.00021, o Órgão Especial do Tribunal de Justiça do Estado do Rio de Janeiro (TJ/RJ), considerando a essencialidade da energia elétrica, declarou a inconstitucionalidade do art. 14, VI, "b", da Lei nº 2.657/1996, que institui o ICMS no estado do Rio de Janeiro, com a nova redação dada pela Lei nº 4.683/2005, que fixava em 25% a alíquota máxima de ICMS sobre operações com energia elétrica. O tribunal considerou que a lei ordinária viola os princípios da seletividade e da essencialidade, assegurados no art. 155, §2º, da Carta Magna de 1988. Com fundamento nessa decisão do Órgão Especial do TJ/RJ, diversos mandados de segurança foram impetrados visando ao afastamento da incidência da cobrança do percentual de 25%, referente ao ICMS sobre os serviços de telecomunicações e de fornecimento de energia, pugnando-se pelo pagamento da alíquota genérica de 18%. O STF, entretanto, suspendeu decisões do Tribunal de Justiça do Rio de Janeiro que favoreciam estabelecimentos comerciais contrários à cobrança da alíquota do ICMS acima de 18%, no que se refere ao fornecimento de energia elétrica e serviços de telecomunicações. A decisão foi tomada na Suspensão de Segurança (SS) nº 3.753. Posteriormente, em caso concreto que somente alcança as partes envolvidas, a Segunda Turma do STF (RE nº 634.457) decidiu que:

> [...] a capacidade tributária do contribuinte impõe a observância do princípio da seletividade como medida obrigatória, evitando-se, mediante a aferição feita pelo método da comparação, a incidência de alíquotas exorbitantes em serviços essenciais.

A questão será reexaminada, com repercussão geral pelo plenário da Corte Suprema, no RE nº 714.139.

Atualmente, as alíquotas do ICMS podem variar com fundamento em duplo critério, cada qual com função própria:

1. em razão da essencialidade da mercadoria ou serviço objeto da transação nas operações internas, tendo em vista a citada seletividade facultativa do imposto, introduzida pela CRFB/1988 (inciso III do §2º do art. 155 da CRFB/1988); ou
2. de acordo com a natureza da operação ou prestação realizada, podendo ser:

    a) *interna*, aplicável também, em regra, às *importações*, nos termos do AgRg nº 131.370 da Segunda Turma do STF, salvo na hipótese da existência de alíquota específica, como é o caso do estado do Rio de Janeiro, que fixou, no art. 14, IV, da Lei nº 2.657/1996, a alíquota de 15% em operação de importação, na prestação de serviço que se inicie no exterior ou quando o serviço for prestado no exterior, e de 13% quando a operação de importação for realizada através do Aeroporto Internacional Tom Jobim e de outros aeroportos internacionais do estado do Rio de Janeiro;

    b) *interestadual*.

Cabe observar que a Emenda Constitucional nº 31/2000 acrescentou o art. 82 ao ADCT, o qual determinou a criação, pelos estados e Distrito Federal, de Fundos de Combate à Pobreza, cujos recursos seriam provenientes do adicional de até dois pontos percentuais na alíquota do ICMS. O estado do Rio de Janeiro editou a Lei nº 4.056, de 30 de dezembro de 2002, instituindo o Fundo de Combate à Pobreza e às Desigualdades Sociais (FECP). Nos termos do art. 2º do referido diploma legal estadual, o FECP é composto pelo produto da arrecadação adicional de um ponto percentual correspondente a um adicional geral da alíquota atualmente vigente do ICMS, com exceção: (a) dos gêneros que compõem a cesta básica, assim definidos aqueles estabelecidos em estudo da Fundação Getulio Vargas; (b) dos medicamentos excepcionais previstos na Portaria nº 1.318, de 23 de julho de 2002, do Ministério da Saúde, e suas atualizações; (c) do material escolar; (d) do gás liquefeito de petróleo (gás de cozinha); (e) do fornecimento de energia elétrica residencial até 300 quilowatts/hora mensais; (f) do consumo residencial de água até 30 m^3; (g) do consumo residencial de telefonia fixa até o valor de uma vez e meia a tarifa básica; (h) da geração de energia eólica, solar, biomassa, bem como da energia gerada a partir do lixo, pela coleta do gás metano e pela incineração. Relativamente à prestação de serviço de comunicação e ao fornecimento de energia elétrica, acima mencionados e não excetuados, o acréscimo da alíquota corresponde atualmente a quatro pontos percentuais, o que totaliza 29% (25% de alíquota ordinária + 4% de FECP).

O enquadramento da operação ou prestação como interna, interestadual ou internacional independe da natureza do negócio ou da localização das partes que realizam o fato gerador da obrigação tributária. De fato, é o destino conferido ao bem ou serviço que caracteriza a natureza da operação ou prestação, ou seja, se é interna, interestadual ou internacional. Ressalte-se, entretanto, que há muito desacordo tanto na doutrina como na jurisprudência quanto ao exato significado de "destinatário" e da expressão "destino", acima referida, podendo ser físico, jurídico ou econômico ou, ainda, a combinação de todas ou de algumas dessas possibilidades, matéria que tem grande relevância na hipótese de importação.

Diferentemente da alíquota interestadual, que é definida pelo Senado Federal, conforme será examinado adiante, a alíquota interna é fixada no âmbito de cada unidade federada por meio de lei estadual, em observância ao princípio da legalidade e da competência tributária privativa conferida pelo constituinte originário ao ente federado, o que abrange a competência legislativa plena, ressalvadas as limitações constitucionais, consoante o disposto no art. 6º do CTN. Nos termos da Constituição, a alíquota interna deve ser necessariamente fixada em patamar superior àquela adotada para as operações e prestações interestaduais, salvo na hipótese de benefício concedido por meio de convênio (art. 155, §2º, VI, c/c art. 155, §2º, XII, "g" da CRFB/1988). Pode o Senado, entretanto, nos termos do art. 155, §2º, VI, da CRFB/1988, definir limites mínimos e máximos para as alíquotas internas, por meio de resolução, faculdade até hoje não exercida, isto é, não foi editado ato pelo Senado fixando os aludidos limites máximos e mínimos para as alíquotas internas.

Sem mencionar a hipótese das importações, a alíquota interna aplica-se em duas circunstâncias, podendo existir, nas duas hipóteses, por força do princípio da seletividade facultativa, já apresentado, múltiplas graduações, em função da essencialidade da mercadoria ou do serviço.

A primeira hipótese em que se aplica a alíquota interna é na operação ou prestação com início e fim dentro dos limites territoriais do próprio ente tributante.

Apesar de ser uma regra constitucional contraintuitiva, a segunda situação em que a alíquota interna também é aplicável ocorre na hipótese de operação ou prestação interestadual com destino a não contribuinte do ICMS, independentemente da região do país em que se localize a unidade federada do destinatário, disciplina recentemente alterada pela Emenda Constitucional nº 87/2015, que entrará em vigor a partir de 1º de janeiro de 2016. A partir dessa data, às operações e prestações interestaduais será aplicada a alíquota interestadual tanto na hipótese de destinatário contribuinte quanto no caso de não contribuinte do imposto.

Assim, até 31 de dezembro de 2015, salvo na hipótese de não incidência, como é o caso do petróleo e da energia elétrica, por exemplo, a regra geral é que toda a arrecadação relativa à operação interestadual destinada a consumidor final não contribuinte pertence ao estado de origem da operação ou prestação, local em que ocorre a hipótese de incidência e de onde sai a mercadoria ou onde se localiza o prestador do serviço.

Por sua vez, a alíquota interestadual, que não se altera em função do tipo de mercadoria ou serviço, varia de acordo com a região do país em que se localiza a unidade federada do destinatário contribuinte do imposto.

Sobre essa questão, é importante repisar uma característica essencial do imposto estadual, objetivando facilitar a compreensão do presente tópico: o ICMS é imposto de caráter eminentemente nacional, pois sua incidência influi na economia de mais de um estado, razão pela qual sempre houve a preocupação do constituinte em regular as operações interestaduais realizadas entre os estados com maior capacidade econômica e aqueles com menor potencial arrecadatório.

O Senado Federal, cumprindo a determinação constitucionalmente imposta, nos termos do art. 155, §2º, IV, da CRFB/1988, por meio da Resolução nº 22/1989, fixou as alíquotas incidentes sobre as operações e as prestações interestaduais entre contribuintes, alterando-as em função da localização geoeconômica dos estados remetentes e destinatários.

Nesse sentido, estabeleceu a alíquota interestadual em 12% como regra geral. Nas operações e prestações realizadas entre contribuintes a partir das unidades federadas das regiões Sul e Sudeste destinadas aos estados das regiões Norte, Nordeste e Centro-Oeste e, ainda, ao estado do Espírito Santo, em 8% para o exercício financeiro de 1989, e em 7% nos exercícios posteriores, disciplina até hoje vigente.

Da aplicação conjunta dessas duas regras resultam as seguintes consequências:

a) nas operações e prestações interestaduais que se originem nos estados do Sul e Sudeste, exceto Espírito Santo, a alíquota do ICMS aplicável pode ser de 12% ou 7%, conforme a destinação da mercadoria ou serviço;

b) nas operações originadas nos demais estados, a alíquota incidente será sempre de 12%, independentemente da destinação ou do tipo da mercadoria ou serviço objeto da operação.

Assim, às transações entre contribuintes localizados nos estados das regiões Norte, Nordeste e Centro-Oeste e o estado do Espírito Santo aplica-se a alíquota de 12%, a mesma alíquota a ser utilizada na hipótese de operações e prestações a partir dessas unidades federadas com destino aos contribuintes localizados nos estados de Santa Catarina, Rio Grande do Sul, Paraná, São Paulo, Minas Gerais e Rio de Janeiro. Aplica-se a alíquota de 12% às operações e prestações entre contribuintes localizados nos estados da região Sul e Sudeste, exceto o Espírito Santo, e a alíquota de 7% quando o destinatário contribuinte do ICMS estiver localizado no estado do Espírito Santo ou qualquer outra unidade federada localizada nas regiões Norte, Nordeste e Centro-Oeste.

Nessa linha, se o destinatário da operação ou prestação interestadual for contribuinte do ICMS, exceto nas hipóteses de não tributação (imunidade, não incidência ou isenção), deve-se aplicar a alíquota interestadual de 7% ou 12%. Assim, em regra, é garantida a arrecadação pela alíquota interestadual (12% ou 7%) ao estado de origem da operação.

Ao estado destinatário caberá o montante incidente sobre a diferença entre sua alíquota interna (maior) e a alíquota interestadual (menor), nos termos do art. 155, §2º, VIII, da CRFB/1988, dependendo o momento de sua exigência, bem como sua base de incidência, da finalidade da aquisição.

Em se tratando de mercadoria destinada ao consumo ou ao ativo permanente do contribuinte, ou de serviço cuja prestação tenha se iniciado em outra unidade da federação e não esteja vinculada a operação ou prestação subsequente alcançada pela incidência do imposto, ou seja, não havendo valor adicionado no estado destinatário sobre os bens adquiridos, ocorre a incidência do ICMS na entrada da mercadoria no estabelecimento adquirente localizado na unidade federada de destino (art. 3º, VI, da Lei nº 2.657/1996, que institui e disciplina o ICMS no estado do Rio de Janeiro).

Nesses termos, o estado de localização do destinatário é o titular da arrecadação relativa ao denominado "diferencial de alíquota" sobre o valor da operação interestadual, consoante o disposto no art. 155, §2º, VIII da CRFB/1988. O adquirente do ativo permanente tem direito a apropriar-se do crédito em 48 meses, nos termos do art. 20, §5º, da LC nº 87/1996, com a redação dada pela LC nº 102/2000. Já a aquisição de mercadoria para uso ou consumo, somente dará direito ao crédito a partir de 1º de janeiro de 2020 (art. 33, I, da LC nº 87/1996, com a redação dada pela LC nº 138/2010).

Em sentido diverso, se o contribuinte adquire o bem ou utiliza serviço com origem em outra unidade federada, e essa mercadoria ou serviço está vinculada(o) à operação ou prestação ulterior alcançada pela incidência do imposto, terá direito ao crédito relativo ao imposto destacado no documento fiscal e pago ao estado de origem, se for o caso, devendo, no momento oportuno, escriturar os documentos fiscais cabíveis quando realizada a operação ou prestação subsequente.

Objetivando facilitar a compreensão do exposto até o momento, será apresentado exemplo abaixo, englobando hipóteses de mercadorias tributadas na operação interestadual e não submetidas à substituição tributária, conforme a regra aplicável até 31 de dezembro de 2015.

No primeiro caso, há operação interestadual com destino a não contribuinte do imposto, razão pela qual se aplica a alíquota interna do estado de origem (supõe-se 18%, mais 1% de Fundo Estadual de Combate à Pobreza – FECP), independentemente da região onde se localiza o destinatário. Já na segunda transação, a sociedade "A" realiza venda de mercadoria para a sociedade "B", contribuinte do ICMS, que adquire o bem para seu consumo ou para o ativo permanente da empresa. Aplica-se, portanto, a alíquota interestadual (12%, supondo tratar-se de operação entre dois estados da região Sul ou Sudeste, exceto Espírito Santo). No estado do destinatário haverá incidência na entrada da mercadoria, sendo exigida a diferença entre a alíquota interna de seu estado, que no exemplo se supõe 17%, e a alíquota interestadual (12% por se tratar de destinatário localizado na região Sul ou Sudeste, exceto Espírito Santo). O crédito será apropriado em 48 meses, no caso de ativo permanente, nos termos do art. 20, §5º, da LC nº 87/1996, e somente a partir de 2020, na hipótese de mercadoria destinada ao uso ou consumo. No terceiro caso, a sociedade "A" aliena mercadoria para sociedade "C", também contribuinte do

ICMS, que a revenderá ou utilizará como insumo no produto a ser industrializado e vendido. Nesse caso, também será adotada a alíquota interestadual, tendo a sociedade "C", em princípio, direito ao crédito relativo ao imposto destacado na nota fiscal da operação interestadual (R$ 12,00). Quando efetivada a saída da mercadoria do estabelecimento da sociedade "C", aplicar-se-á a alíquota pertinente, dependendo do tipo de operação subsequente (interna ou interestadual), salvo se for hipótese de isenção, de não incidência ou de imunidade.

Figura 5 - O ICMS nas operações interestaduais

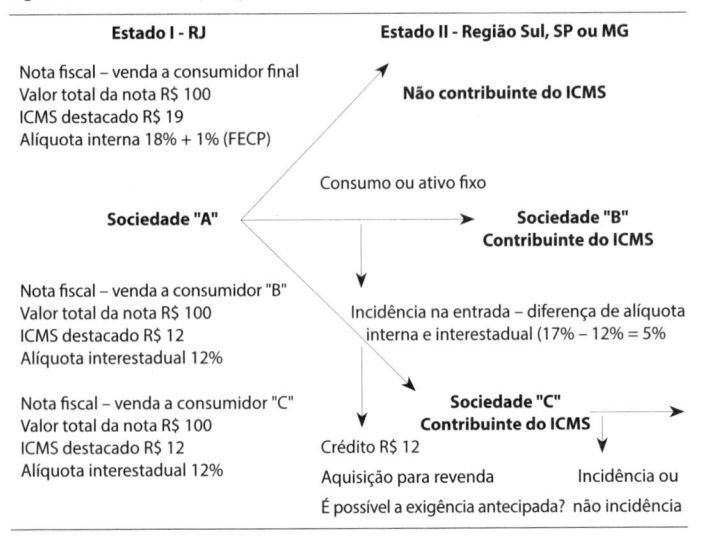

Estado I - RJ	Estado II - Região Sul, SP ou MG
Nota fiscal – venda a consumidor final Valor total da nota R$ 100 ICMS destacado R$ 19 Alíquota interna 18% + 1% (FECP)	**Não contribuinte do ICMS**
Sociedade "A" →	Consumo ou ativo fixo **Sociedade "B"** **Contribuinte do ICMS**
Nota fiscal – venda a consumidor "B" Valor total da nota R$ 100 ICMS destacado R$ 12 Alíquota interestadual 12%	Incidência na entrada – diferença de alíquota interna e interestadual (17% – 12% = 5%)
Nota fiscal – venda a consumidor "C" Valor total da nota R$ 100 ICMS destacado R$ 12 Alíquota interestadual 12%	**Sociedade "C"** **Contribuinte do ICMS** Crédito R$ 12 Aquisição para revenda É possível a exigência antecipada? Incidência ou não incidência

Em suma, nas operações e prestações que destinam bens e serviços a consumidor final localizado em outro estado adota-se: (a) a alíquota interna quando o destinatário não é contribuinte (regra que será alterada a partir de 1º de janeiro de 2016, em razão do disposto na EC nº 87/2015, conforme será detalhado adiante; e (b) a alíquota interestadual quando o destinatário é contribuinte do imposto.

Na hipótese de o destinatário ser contribuinte do ICMS, hipóteses (b), caberá ao estado de sua localidade o imposto correspondente à diferença entre sua alíquota interna e aquela interestadual aplicável (7% ou 12%), nos termos do art. 155, §2º, VIII, da CRFB/1988.

Cumpre destacar que, diversamente do disposto no art. 2º, II, do já referido Convênio ICM nº 66/1988, que deixou de produzir efeitos desde 1º de dezembro de 1996 (após a *vacatio legis*), a LC nº 87/1996 não previu de forma expressa a regra relativa à incidência do ICMS na hipótese de entrada de bens, oriundos de outro estado, destinados a consumo ou a ativo fixo do estabelecimento destinatário contribuinte do imposto. Os arts. 2º e 4º da LC nº 87/1996 definem, respectivamente, os fatos geradores e os contribuintes do ICMS, sem, entretanto, fixarem, expressamente, a entrada de mercadoria oriunda de outro estado, destinada a consumo ou ativo fixo, como fato gerador do ICMS, tampouco que o estabelecimento destinatário seria o contribuinte.

De fato, a saída da mercadoria do estabelecimento do contribuinte constitui a regra mais usual de incidência do ICMS, reveladora da circulação de mercadoria, ao passo que a entrada constitui hipótese excepcional de incidência. Nos casos da entrada de mercadoria importada do exterior e da entrada de petróleo no estado destinatário, inclusive lubrificantes e combustíveis líquidos e gasosos dele derivados, e de energia elétrica, quando não destinados à comercialização ou à industrialização, decorrentes de operações interestaduais, as hipóteses de incidência são descritas de forma específica nos incisos I e III do §1º do art. 2º da LC nº 87/1996. Entretanto, nenhum desses dois incisos do dispositivo da lei complementar disciplina diretamente a entrada de mercadoria, proveniente de outro estado, destinada a consumidor final que seja contribuinte do ICMS. Considerando esses fatos e tendo em vista, em especial, o caráter nacional do ICMS e a menção constitucional reiterada da necessidade de lei complementar dispor sobre os elementos essenciais à incidência do imposto estadual, parte da doutrina positivista nacional sustenta que a ausência da previsão acima referida torna legalmente impossível a cobrança do diferencial de alíquota nas operações interestaduais. Nesse sentido, alegam alguns autores (Borges, 1995) que não constitui fato gerador do ICMS a entrada de bens no estabelecimento adquirente em operações interestaduais entre contribuintes do imposto até que uma nova lei complementar defina expressamente a hipótese e supra tal lacuna. Nessa linha de entendimento, o dispositivo de lei estadual que defina essa entrada como hipótese de incidência do tributo, como é o caso do já citado art. 3º, VI, da Lei nº 2.657/1996, que institui e disciplina o ICMS no estado do Rio de Janeiro, será ineficaz em razão da omissão de lei complementar.

Entretanto, por se fundamentar em premissa falsa, essa construção interpretativa não se sustenta, haja vista contrariar frontalmente o disposto expressamente no supramencionado art. 155, §2º, VIII, da CRFB/1988, o qual estabelece que cabe ao estado da localização do destinatário o ICMS correspondente à diferença entre sua alíquota interna e a interestadual aplicável nas operações e prestações a ele destinadas (7% ou 12%). Ademais disso, a aludida interpretação, no sentido da inexistência de fato gerador na entrada no estabelecimento adquirente localizado no estado destinatário, implicaria privilégio aos fornecedores interestaduais em detrimento daqueles localizados na própria unidade federada do contribuinte consumidor final, criando desigualdades sem fundamento de ordem social ou econômica, razão pela qual fica patente a inadequação da mencionada doutrina. Nesse sentido tem sido a jurisprudência dos tribunais, considerando, dessa forma, constitucional a incidência do imposto nessas entradas, com fundamento nos citados incisos VII, "a", e VIII do §2º do art. 155 da Constituição de 1988. Na mesma toada, por exemplo, expressa a parte relevante da ementa da Apelação Cível nº 2008.001.51368, proferida pela Segunda Câmara Cível do Tribunal de Justiça do Estado do Rio de Janeiro, cuja relatoria ficou a cargo do desembargador Heleno Ribeiro P. Nunes:

> APELAÇÃO CÍVEL. EMBARGOS DE DEVEDOR. DIREITO TRIBUTÁRIO. ICMS. AQUISIÇÃO DE MERCADORIAS DESTINADAS AO ATIVO PERMANENTE PROCEDENTES DE OUTRA UNIDADE DA FEDERAÇÃO. DIREITO DE CREDITAMENTO. [...] 3) Nas operações e prestações que destinem bens e serviços a consumidor localizado em outro estado, quando o destinatário for contribuinte do imposto, tal como ocorre na vertente hipótese, a alíquota interestadual aplicável é aquela estabelecida pelo Senado, nos moldes previstos no art. 155, §2º, inc. IV, da CRFB, cabendo ao Estado da localização do destinatário o imposto correspondente à diferença entre a alíquota interna e a interestadual.

Situação análoga, apesar da diferença de tratamento tributário no estado de origem, ocorre na hipótese de a operação interestadual ser alcançada por "não incidência constitucional", como é o caso daquela que destine a outro estado "petróleo, inclusive lubrificantes, combustíveis líquidos e gasosos dele derivados". Nessas circunstâncias, o imposto incidente após a remessa pertence ao estado onde ocorre o consumo do produto (sobre o tema, vide Parecer Normativo da Superintendência de Tributação do Estado do Rio de Janeiro nº 1/2015).

Esse efeito, deslocamento da arrecadação para ser apropriada pela unidade federada onde se realiza o consumo, só é possível na hipótese em que a mercadoria é adquirida por consumidor final, contribuinte ou não, se houver incidência na entrada no estado destinatário, conforme previsto no citado art. 2º, §1º, III, da Lei Complementar nº 87/1996, tendo em vista não haver operação subsequente.

Isso ocorre em razão da combinação de duas circunstâncias: (a) a saída relativa à operação interestadual não é tributada; e (b) é inexistente operação ulterior alcançada pela incidência do ICMS no estado do destinatário, como é a hipótese em que as mercadorias não são adquiridas para sua industrialização ou comercialização, situação em que o estado de localização do adquirente somente pode ser beneficiado com a arrecadação sobre as referidas mercadorias se houver incidência na entrada da mesma em seu território.

Pelo que foi até aqui exposto neste tópico, constata-se que esse conjunto de regras, combinando as hipóteses de não tributação na operação interestadual, a aplicação alternativa da alíquota interna ou interestadual, dependendo de o destinatário em outro estado ser ou não contribuinte do ICMS, e a utilização de alíquotas interestaduais variadas de acordo com a região do país em que se localiza o destinatário, consubstancia o sistema constitucional de apropriação e partilha da arrecadação do ICMS entre as diversas unidades federadas nas operações e prestações interestaduais.

A alíquota interna e interestadual e o comércio eletrônico

A arrecadação do ICMS nas transações entre os diversos estados e o Distrito Federal pode ser toda do estado de origem, integralmente atribuída ao estado do destino ou adotado um sistema híbrido de alocação e distribuição da arrecadação na federação, dependendo de onde ocorra o consumo da mercadoria ou a fruição do serviço prestado. Em âmbito internacional o princípio geral é o do destino, isto é, as exportações não sofrem incidência, ao passo que as importações são normalmente tributadas.

Como visto, atualmente, em operações interestaduais, nas quais o adquirente da mercadoria seja consumidor final, não contribuinte do imposto, adota-se a alíquota interna do estado de origem, nada sendo devido ou arrecadado pelo estado de destino. Com a evolução, principalmente, do comércio eletrônico, diversos estados se sentiram prejudicados, vez que este tipo de comércio favorece os grandes centros fornecedores de mercadorias, em detrimento dos estados consumidores.

O raciocínio subjacente é no sentido de que o ICMS é tributo que incide sobre a base consumo, tendo em vista o repasse do ônus do imposto para o consumidor final por meio do preço. Assim, por que não alocar sua arrecadação à unidade federada onde ocorre o fenômeno econômico ensejador da incidência?

Diante desse cenário, os estados do Acre, Alagoas, Amapá, Bahia, Ceará, Espírito Santo, Goiás, Maranhão, Mato Grosso, Pará, Paraíba, Pernambuco, Piauí, Rio Grande do Norte, Roraima, Rondônia e Sergipe e o Distrito Federal, em 1º de abril de 2011, celebraram o Protocolo ICMS nº 21/2011, que disciplina a exigência do ICMS nas operações interestaduais que destinem mercadoria ou bem a consumidor final, cuja aquisição ocorra de forma não presencial no estabelecimento remetente, por meio de internet, *telemarketing* ou *showroom*.

Posteriormente, aderiram a esse protocolo os estados de Mato Grosso do Sul e Tocantins. Já os estados do Espírito Santo, Distrito Federal e Pernambuco o denunciaram, isto é, desistiram do acordo, por meio de despachos próprios do secretário executivo do Conselho Nacional de Política Fazendária (Confaz), enquanto o estado de Rondônia foi dele excluído, conforme o Protocolo ICMS nº 6/2014 (denúncias: ES, a partir de 20 de abril de 2012, pelo Despacho nº 74/2012; DF, a partir de 6 de setembro de 2013, pelo Despacho nº 185/2013; PE, a partir de 11 de fevereiro de 2014, pelo Despacho nº 34/2014; e exclusão de RO, a partir de 26 de março de 2014, pelo Protocolo ICMS nº 6/2014).

As principais razões da celebração do Protocolo nº 21/2011 foram:

> [...] o aumento dessa modalidade de comércio, de forma não presencial, especialmente as compras por meio da internet, *telemarketing* e *showroom*, deslocou as operações comerciais com consumidor final, não contribuintes de ICMS [...];
>
> [...] o imposto incidente sobre as operações de que trata este protocolo é imposto sobre o consumo, cuja repartição tributária deve observar esta natureza do ICMS, que a Carta Magna na sua essência assegurou às unidades federadas onde ocorre o consumo da mercadoria ou bem;

[...] a substancial e crescente mudança do comércio convencional para essa modalidade de comércio, persistindo, todavia, a tributação apenas na origem, o que não coaduna com a essência do principal imposto estadual, não preservando a repartição do produto da arrecadação dessa operação entre as unidades federadas de origem e de destino [...].

O referido protocolo garantia à unidade de destino da mercadoria ou bem adquirido de forma não presencial a parcela do ICMS devida na operação interestadual, ficando o estabelecimento remetente obrigado, na condição de substituto tributário, a promover a retenção e o recolhimento do imposto em favor do estado de destino.

Em suma, os entes signatários do protocolo trouxeram para as operações de circulação que envolvem aquisições "não presenciais", uma sistemática que resulta no seguinte: "o ICMS devido à unidade federada de origem da mercadoria ou bem, relativo à obrigação própria do remetente, seria calculado com a utilização da alíquota interestadual" (parágrafo único da cláusula terceira).

Muito embora seja certo que o protocolo apenas vincula seus signatários, foi previsto no parágrafo único, da cláusula primeira, que "a exigência do imposto pela unidade federada destinatária da mercadoria ou bem aplica-se, inclusive, nas operações procedentes de unidades da Federação não signatárias deste protocolo".

A Confederação Nacional do Comércio (CNC) ajuizou a Ação Direta de Inconstitucionalidade nº 4.628 pleiteando a suspensão da eficácia e a declaração de inconstitucionalidade do protocolo, alegando violação aos arts. 150, IV e V e §7º, e 155, §2º, VII, alínea "b", todos da CRFB/1988. Tal feito ainda aguarda julgamento de mérito pelo STF, cabendo ressaltar que em decisão monocrática proferida em 19 de fevereiro de 2014, o relator, ministro Luiz Fux, concedeu a medida cautelar pretendida pela CNC, com o *referendum* do Plenário da Suprema Corte, para suspender *ex nunc* a aplicação Protocolo ICMS nº 21/2011.

Outra tentativa de mitigação dos efeitos do comércio eletrônico foi realizada pelo estado do Piauí que, através da edição da Lei nº 6.041/2010, estabeleceu que o ICMS incidirá sobre as entradas no estado de "mercadorias ou bens oriundos de outras Unidades da Federação destinadas a pessoa física ou jurídica não inscrita no Cadastro de Contribuintes do estado", independentemente da quantidade, do valor ou da habitualidade. Essa lei foi também objeto de ADI, que tramita no STF sob o nº 4.565, em cujos autos foi concedida medida liminar suspensiva de sua eficácia.

A Emenda Constitucional nº 87/2015, que será analisada adiante, neste capítulo, foi editada com o objetivo de promover uma distribuição mais equânime do imposto entre os estados nas operações interestaduais destinadas a consumidor final não contribuinte do imposto.

Alíquota nas operações interestaduais envolvendo bens e mercadorias importadas do exterior

O Senado Federal aprovou a Resolução nº 13, de 26 de abril de 2012, que entrou em vigor em 1º de janeiro de 2013, por meio da qual fixou em 4% a alíquota do ICMS nas operações interestaduais com bens e mercadorias importadas do exterior. Essa medida foi adotada, conforme largamente noticiado, com o objetivo de pôr fim à denominada "Guerra dos Portos", travada entre as unidades federadas através da concessão de benefícios fiscais unilaterais (sem autorização do Confaz) com o objetivo de atrair empresas importadoras para seus territórios, estimulando a atividade de seus portos e aeroportos. Considerando que o ICMS é imposto não cumulativo, a redução da alíquota interestadual aplicável no estado de origem para 4% diminui o benefício da empresa instalada em unidade federada que concede incentivo fiscal, pela simples realização de importação por intermédio de seus portos e aeroportos, tendo em vista que a tributação diminuta reduz o crédito a ser suportado na unidade federada de destino.

Estabelece a referida resolução que:

Art. 1º. A alíquota do Imposto sobre Operações Relativas à Circulação de Mercadorias e sobre Prestação de Serviços de Transporte Interestadual e Intermunicipal e de Comunicação (ICMS), nas operações interestaduais com bens e mercadorias importados do exterior, será de 4% (quatro por cento).

§1º. O disposto neste artigo *aplica-se aos bens e mercadorias importados do exterior que, após seu desembaraço aduaneiro:*

I. não tenham sido submetidos a processo de industrialização;

II. ainda que submetidos a qualquer processo de transformação, beneficiamento, montagem, acondicionamento, reacondicionamento, renovação ou recondicionamento, resultem em mercadorias ou bens com Conteúdo de Importação superior a 40% (quarenta por cento).

§2º. O Conteúdo de Importação a que se refere o inciso II do §1º é o percentual correspondente ao quociente entre o valor da parcela importada do exterior e o valor total da operação de saída interestadual da mercadoria ou bem.

§3º. O Conselho Nacional de Política Fazendária (Confaz) poderá baixar normas para fins de definição dos critérios e procedimentos a serem observados no processo de Certificação de Conteúdo de Importação (CCI).

§4º. O disposto nos §§1º e 2º *não se aplica:*

I. aos bens e mercadorias importados do exterior *que não tenham similar nacional*, a serem definidos em lista a ser editada pelo Conselho de Ministros da Câmara de Comércio Exterior (Camex) para os fins desta Resolução;

II. aos *bens produzidos em conformidade com os processos produtivos básicos* de que tratam o Decreto-Lei nº 288, de 28 de fevereiro de 1967, e as Leis nºs 8.248, de 23 de outubro de 1991, 8.387, de 30 de dezembro de 1991, 10.176, de 11 de janeiro de 2001, e 11.484, de 31 de maio de 2007.

Art. 2º. O disposto nesta Resolução *não se aplica às operações que destinem gás natural importado do exterior a outros Estados* [...] [grifos nossos].

Assim, a partir de 1º de janeiro de 2013, os bens ou mercadorias importados que, após o desembaraço aduaneiro, não tenham sido submetidos a processo de industrialização – ou, se submetidos a qualquer processo de transformação, beneficiamento, montagem, acondicionamento, reacondicionamento, renovação ou recondicionamento, resultem em mercadorias ou bens com conteúdo de importação superior a 40% –, quando forem remetidos a outras unidades da federação, ensejarão a incidência do ICMS à alíquota interestadual de 4%, e não mais 7% ou 12%, o que resultará em crédito bastante inferior (4%) – contra o estado de destino, reduzindo a margem para implementação de guerra fiscal envolvendo essas operações.

A regulamentação da regra contida na resolução ficou a cargo do Confaz, a quem competiu estabelecer normas "para fins de definição dos critérios e procedimentos a serem observados no processo de Certificação de Conteúdo de Importação (CCI)".

Inicialmente o Ajuste Sinief nº 19, de 7 de novembro de 2012, estabeleceu uma série de obrigações a serem cumpridas pelos contribuintes, entre as quais a de fazer constar, na nota fiscal eletrônica, (i) o valor da parcela importada do exterior, na hipótese de bens ou mercadorias importados que tenham sido submetidos a processo de industrialização no estabelecimento do emitente; ou (ii) o valor da importação, no caso de bens ou mercadorias importados que não tenham sido submetidos a processo de industrialização (cláusula sétima, incisos I e II). Essas obrigações acessórias foram alvo de questionamentos judiciais por parte de diversos contribuintes, tendo-lhes sido concedidas várias liminares afastando sua aplicação, por atentar contra a livre iniciativa, uma vez que a formação de preço deve estar protegida pelo sigilo necessário à saudável concorrência entre os comerciantes.

Além desses questionamentos quanto à regulamentação da Resolução do Senado Federal nº 13/2012, esta tem sido alvo também de críticas com relação ao seu próprio conteúdo. Nesse sentido, foi proposta, pela Mesa Diretora da Assembleia Legislativa do estado do Espírito Santo, a ADI nº 4.858, cujo julgamento observará o rito abreviado previsto no art. 12 da Lei nº 9.868/1999.

Essa resolução do Senado Federal contém traços que denotam toda a complexidade do imposto aqui estudado. Nota-se que o intuito da norma foi, como já ressaltado, pôr fim a uma determinada modalidade específica de guerra fiscal, mas, para ter aplicabilidade, fez-se necessário gerar uma balbúrdia jurídica certamente tão prejudicial à atividade econômica como a guerra fiscal em si. Aguarde-se, pois, o julgamento da ADI.

Cumpre destacar que o Ajuste Sinief nº 9/2013 revogou o citado Ajuste Sinief nº 19/2012, tendo sido editado o Convênio ICMS nº 38/2013 para dispor sobre procedimentos a serem observados na aplicação da tributação pelo ICMS prevista na Resolução do Senado Federal nº 13/2012. De acordo com o Convênio nº 38/2013, com alterações posteriores, as regras nele previstas em relação à entrega da ficha de conteúdo de importação (FCI), passaram a produzir efeitos a partir de 1º de outubro de 2013.

É de se notar, por oportuno, que justamente em razão da revogação do Ajuste Sinief nº 19/2012, o governo do estado do Rio de Janeiro fez publicar do *Doerj* de 20 de setembro de 2013 o Decreto nº 44.398/2013, que concedeu remissão de eventuais créditos tributários do ICMS constituídos ou não até 11 de junho de 2013, em virtude do descumprimento das obrigações acessórias então instituídas pelo citado ajuste.

Por fim, destaque-se que a Resolução Sefaz nº 726, de 19 de fevereiro de 2014, concedeu ao estabelecimento localizado no estado do Rio de Janeiro que pratique com habitualidade operações interestaduais com alíquota de 4%, conforme previsto na Resolução do Senado Federal nº 13/2012, das quais resulte elevado acúmulo de saldo credor do ICMS, diferimento, total ou parcial, do ICMS incidente nas operações de importação, para o momento em que ocorrer a saída interestadual da mercadoria importada ou do produto resultante de sua industrialização, observados as condições e os termos por ela fixados.

As operações e prestações interestaduais e a Emenda Constitucional nº 87/2015

Como já salientado, a arrecadação do ICMS nas transações entre os diversos estados e o Distrito Federal pode ser toda da unidade federada de origem, integralmente atribuída à unidade federada de destino ou adotado um sistema híbrido de alocação e distribuição da arrecadação entre os entes políticos, dependendo de onde ocorra o consumo da mercadoria ou a fruição do serviço prestado.

Na sistemática ora vigente há perfeita sintonia entre as regras de determinação do local em que ocorre a hipótese de incidência com a definição do sujeito ativo da obrigação.

É possível, entretanto, a criação de um sistema que dissocie o local da ocorrência do fato gerador, o que em regra determina o sujeito ativo da obrigação, do ente federado beneficiário da arrecadação (Costa, 2005). Obviamente, podem advir diversos problemas em função da adoção desse sistema, por exemplo, se não houver incentivo para que a administração tributária do estado onde ocorre o fato gerador fiscalize os contribuintes, ou, alternativamente, se não for amplamente franqueada a possibilidade de fiscalização por parte do estado de destino, beneficiário da arrecadação.

Exemplo dessa dissociação está contida no art. 155, §2º, XII, "h" da CRFB/1988, conjugada com o disposto no §4º, do mesmo artigo, todos incluídos pela já citada EC nº 33/2001, hipótese ainda não regulamentada do ICMS monofásico dos combustíveis. Percebe-se aí que, inaplicável a imunidade nas operações interestaduais, parte final da alínea "h", ocorre o fato gerador no estado de origem, entretanto, o "imposto caberá ao Estado onde ocorrer o consumo", nos termos da parte final do §4º.

Outra situação atípica foi recentemente introduzida na Constituição, pela já citada EC nº 87/2015, com a qual objetiva-se alterar a sistemática de incidência do ICMS nas operações e prestações interestaduais que destinem bens e serviços a consumidor final não contribuinte do imposto. Com a entrada em vigor da nova disciplina, a partir de 1º de janeiro de 2016, será suprimida a aplicação da alíquota interna nas operações e prestações interestaduais destinadas a não contribuinte do ICMS, o que concentrava toda a arrecadação para o estado de origem, nos termos já indicados na primeira seção deste capítulo. Com a nova sistemática, havendo operação e prestação que destine bem e serviço a consumidor final não contribuinte do imposto localizado em outro estado, será aplicada a alíquota interestadual, e não mais a alíquota interna, cabendo ao estado de localização do destinatário o imposto correspondente à diferença entre a alíquota interna do estado destinatário e a alíquota interestadual. Nesse caso, a responsabilidade pelo recolhimento do imposto ao estado de destino "B", onde está localizado o consumidor final não contribuinte do ICMS, foi atribuída pela Constituição ao remetente localizado no estado de origem "A". Ou seja, já na saída da mercadoria do estabelecimento do contribuinte localizado no estado "A" nasce a relação jurídico-tributária do remetente com o estado "B", criando-se, assim, mais uma hipótese constitucional de extraterritorialidade da legislação tributária.

Foi estabelecido um cronograma, no art. 99 dos Atos das Disposições Constitucionais Transitórias (ADCT) da CRFB/1988, dispositivo incluído pela EC nº 87/2015, com o objetivo de que os efeitos financeiros da distribuição de receita entre os estados de origem e destino sejam realizados em quatro anos, isto é:

[...] o imposto correspondente à diferença entre a alíquota interna e a interestadual será partilhado entre os estados de origem e de destino na seguinte proporção:
[...]
II. para o ano de 2016: 40% (quarenta por cento) para o Estado de destino e 60% (sessenta por cento) para o Estado de origem;
III. para o ano de 2017: 60% (sessenta por cento) para o Estado de destino e 40% (quarenta por cento) para o Estado de origem;
IV. para o ano de 2018: 80% (oitenta por cento) para o Estado de destino e 20% (vinte por cento) para o Estado de origem;
V. a partir do ano de 2019: 100% (cem por cento) para o Estado de destino.

O contribuinte e o responsável

A relação jurídico-tributária, do ponto de vista subjetivo, é composta por dois polos: o sujeito ativo e o sujeito passivo.

O sujeito ativo é a pessoa jurídica de direito público titular da competência para exigir o pagamento do tributo, impor o pagamento de penalidade pecuniária ou o cumprimento da obrigação acessória prevista na legislação tributária, como o dever de emitir documentos e escriturar livros fiscais etc.

Por sua vez, o sujeito passivo da relação jurídica tributária é aquele de quem se exige o cumprimento da obrigação, que nasce quando ocorre no mundo dos fatos o evento previsto na lei instituidora do tributo, usualmente denominado "hipótese de incidência" ou "fato gerador" da obrigação tributária.

De acordo com o art. 121 do CTN, sujeito passivo é gênero, do qual o contribuinte e o responsável são espécies.

O contribuinte, também chamado de sujeito passivo direto, é aquele que demonstra capacidade econômica e realiza pessoalmente, no mundo dos fatos, a citada hipótese jurídica prevista na lei que dá causa ao dever de pagar o tributo. Assim, o contribuinte manifesta riqueza, por exemplo, auferindo a renda, adquirindo a propriedade do imóvel ou do automóvel, realizando a circulação da mercadoria e promovendo a respectiva saída de seu estabelecimento, prestando o serviço etc.

A seu turno, o responsável, também denominado de "sujeito passivo indireto", apesar de não realizar pessoalmente o evento econômico que justifica a incidência do tributo, por ter uma vinculação com a situação que constitui a hipótese de incidência/fato gerador é alçado à posição de sujeito passivo, e passa a ter a obrigação tributária por expressa determinação legal (art. 121, parágrafo único, II, CTN).

Assim, a título ilustrativo, a lei pode atribuir ao empregador o dever jurídico de reter na fonte e pagar o imposto de renda devido pelo empregado em razão da renda auferida pelo trabalho realizado. Em sentido análogo, pode a lei determinar que a indústria, além do dever de pagar a contribuição social devida pela receita obtida (e.g. PIS/Cofins) ou pelo ICMS incidente em decorrência da saída da mercadoria do seu estabelecimento, também seja responsável pelo pagamento do tributo devido pelo faturamento obtido ou pela circulação de mercadoria realizada pelos contribuintes situados em etapas subsequentes do elo da cadeia de distribuição e varejo da mercadoria.

A responsabilidade pode ser imputada ao terceiro de três formas diferentes: pessoalmente, subsidiariamente ou solidariamente.

A responsabilidade será pessoal quando competir exclusivamente ao terceiro adimplir a obrigação desde o nascimento desta. Ou seja, o responsável figurará como único sujeito passivo da obrigação, e o contribuinte será, por algum motivo previsto em lei, afastado da obrigação de pagar o tributo.

Já na responsabilidade subsidiária, o terceiro será chamado para o pagamento somente se restar constatada a impossibilidade de pagamento pelo contribuinte, devedor originário. Isto é, no caso da responsabilidade subsidiária, primeiro o contribuinte é cobrado e, somente no caso de este não cumprir com a obrigação tributária devida, será chamado o responsável para efetuar o respectivo pagamento.

Por fim, a responsabilidade será solidária quando mais de uma pessoa integra o polo passivo da obrigação tributária, sendo todos responsáveis, ao mesmo tempo, pela integralidade da dívida tributária.

Não se deve confundir a responsabilidade tributária com a responsabilidade civil e com o conceito de responsável legal. Nem sempre o responsável legal será também responsável tributário; só o será caso tenha vinculação direta com o ato que gera a respectiva responsabilidade.

Na substituição tributária, a lei determina que o substituto ocupe o lugar do contribuinte desde o nascimento da obrigação tributária.

Na hipótese da substituição tributária "para trás", também denominada de "regressiva", retro-operante ou de *diferimento*, a responsabilidade atribuída a terceiro refere-se a débito cujo fato gerador já tenha ocorrido no mundo real. Dessa forma, no momento da exigência do imposto devido por substituição, já estão determinados todos os elementos da relação obrigacional: o contribuinte, a base de cálculo e a alíquota, elementos necessários para estabelecer o montante devido (o *quantum debeatur*) etc. Nesse contexto, no qual é atribuída a responsabilidade pelo pagamento relativo a uma ou mais operações ou prestações *antecedentes*, ocorre o adiamento do recolhimento do ICMS devido em determinada etapa de circulação ou prestação de serviço, não sendo, dessa forma, o imposto exigido do sujeito passivo direto. Neste caso, apesar de o contribuinte realizar a situação descrita na norma como necessária e suficiente à incidência do imposto, a responsabilidade pelo pagamento passa a ser do substituto, terceira pessoa situada em etapa posterior da cadeia de circulação da mercadoria ou da prestação do serviço, a quem a legislação tributária atribui o dever de extinguir o crédito tributário.

A atribuição de responsabilidade por substituição "para trás" pode ocorrer por motivos de naturezas distintas. A *primeira*, de ordem prática, como é o caso do diferimento do ICMS incidente (a) na circulação de energia elétrica (matéria disciplinada no art. 34, §9º, do ADCT, art. 9º, §1º, II, da LC nº 87/1996), ou (b) na importação de determinada mercadoria a ser beneficiada no território nacional e, subsequentemente, exportada. O regime também é comumente adotado em razão de o contribuinte não manter adequada organização e controle de sua atividade, como é o caso, por exemplo, do pequeno produtor rural ou do sucateiro.

Deve-se salientar a possibilidade de desvirtuamento na utilização do denominado diferimento, o qual deveria alterar apenas o momento do pagamento do imposto. De fato, o regime tem sido amplamente aplicado para conferir benefícios fiscais por todos os estados e pelo Distrito Federal. Exemplo dessa política de desvirtuamento são os inúmeros atos normativos estabelecendo que o ICMS incidente sobre a aquisição de determinado ativo fixo (ativo não circulante permanente imobilizado) fica "diferido para o momento" de eventual alienação do bem. Apesar do *nomem iuris*, trata-se, materialmente, de hipótese de isenção mascarada de simples postergação do pagamento do imposto, o que deveria suscitar a aplicação do art. 14 da Lei de Responsabilidade Fiscal (Lei Complementar nº 101/2000), que trata de renúncia de receita, e bem assim a exigibilidade de edição de convênio no âmbito do Confaz. O diferimento, além de servir, em algumas circunstâncias, como benefício ou incentivo fiscal, também pode ser justificado pela necessidade de evitar acúmulo de créditos, como é o caso do álcool etílico anidro combustível destinado às distribuidoras de combustíveis. Nessas hipóteses, a exigência do ICMS é postergada para momento futuro do ciclo mercantil ou de prestação do serviço, por exemplo, a saída para outro estado, para o exterior, entrada em estabelecimento industrial, saída da mercadoria da cooperativa adquirente etc. Assim, o substituído é o sujeito passivo que leva a efeito o ato ou fato definido na norma de incidência como fato gerador, mas não tem o dever jurídico de pagar o imposto, tendo em vista que a lei impõe a responsabilidade a terceiro, situado em elo subsequente das diversas etapas de circulação da mercadoria ou da prestação de serviço.

O fluxograma abaixo apresentado objetiva auxiliar a compreensão do regime de substituição tributária regressiva, que é aplicável, por exemplo, na saída do leite *in natura* do estabelecimento do produtor rural no estado do Rio de Janeiro. De acordo com as regras gerais atinentes ao leite, fixadas no Título III (arts. 26 a 30), do Livro XV, do Regulamento do ICMS (RICMS), aprovado pelo Decreto nº 27.427/2000, é atribuída a responsabilidade pelo pagamento do imposto à cooperativa de leite, sendo diferido o ICMS devido ao deslocamento do produtor rural substituído para o momento subsequente da saída do produto da cooperativa adquirente.

Figura 6 - Substituição tributária em relação ao(s) fato(s) gerador(es) antecedente(s)
O produtor rural

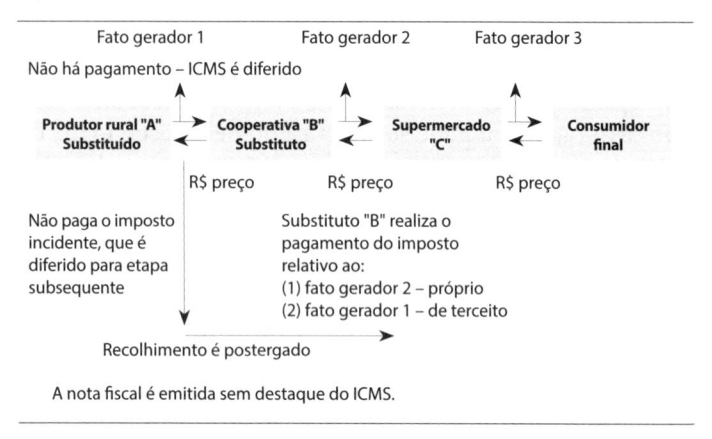

```
         Fato gerador 1        Fato gerador 2        Fato gerador 3
    Não há pagamento – ICMS é diferido
            ↑                      ↑                      ↑
   ┌──────────────┐      ┌──────────────┐      ┌──────────────┐      ┌──────────────┐
   │Produtor rural "A"│──▶│ Cooperativa "B" │──▶│  Supermercado  │──▶│   Consumidor   │
   │  Substituído  │◀──│   Substituto   │◀──│      "C"       │◀──│     final      │
   └──────────────┘      └──────────────┘      └──────────────┘      └──────────────┘
            R$ preço              R$ preço              R$ preço

 Não paga o imposto         Substituto "B" realiza o
 incidente, que é           pagamento do imposto
 diferido para etapa        relativo ao:
 subsequente                (1) fato gerador 2 – próprio
        │                   (2) fato gerador 1 – de terceiro
        ▼
        Recolhimento é postergado
        ─────────────────────────▶

        A nota fiscal é emitida sem destaque do ICMS.
```

Portanto, nessa hipótese, primeiro ocorre o fato gerador da obrigação tributária, sendo conhecidos tanto a alíquota quanto a base de cálculo do tributo devido, havendo, no entanto, o diferimento da obrigação de pagar, a qual será cumprida por outro contribuinte em etapa subsequente de circulação da mercadoria. Em suma, quando surge o dever jurídico do responsável, já estão delineados todos os elementos da relação obrigacional, destacando-se, principalmente, a base de cálculo do tributo devido.

No tópico subsequente, serão examinados os aspectos gerais da cobrança pelo regime de substituição tributária para frente do ICMS, necessários à compreensão dos desafios desse regime de tributação que tem sido ampliado para diversas mercadorias pela legislação estadual.

A cobrança do ICMS pelo regime de substituição tributária "para frente"

A substituição tributária é instrumento cada vez mais utilizado pelos estados, com intuito de garantir as receitas necessárias à realização das despesas públicas, conforme analisado no capítulo 1.

A CRFB/1988, na alínea "b" do inciso XII do §2º do art. 155, determina que cabe à lei complementar dispor sobre essa modalidade de arrecadação do ICMS, medida adotada nos arts. 6º a 10 da Lei Complementar nº 87/1996.

A substituição tributária, em termos práticos, consiste na atribuição da responsabilidade pelo pagamento do imposto incidente sobre determinada operação a qualquer contribuinte participante da cadeia de comercialização da mercadoria. Em outras palavras, o estado exige que um contribuinte, em geral o industrial ou o importador, retenha o imposto que incidirá sobre a venda do produto ao consumidor final, pessoa física ou jurídica não contribuinte do imposto.

Dessa forma, tomando o vinho como exemplo, a lei pode atribuir ao fabricante a responsabilidade pelo pagamento do imposto incidente sobre toda a cadeia de produção da uva até a venda ao consumidor final.

Nessa hipótese, o produtor rural seria dispensado da cobrança do imposto no momento da venda da uva ao industrial, o que configura a substituição tributária em relação à operação antecedente, sendo atribuída a esse último também a responsabilidade pela retenção e recolhimento do ICMS incidente sobre as operações subsequentes, quais sejam: do distribuidor e do varejista.

Nessa modalidade de substituição tributária o substituto é obrigado a reter e recolher antecipadamente o tributo incidente em relação às "operações subsequentes". O desenho abaixo procura auxiliar a compreensão do regime da substituição tributária em que se antecipa o pagamento do imposto incidente nas operações subsequentes àquela realizada pelo substituto.

Figura 7 - Substituição tributária em relação ao(s) fato(s) gerador(es) superveniente(s)

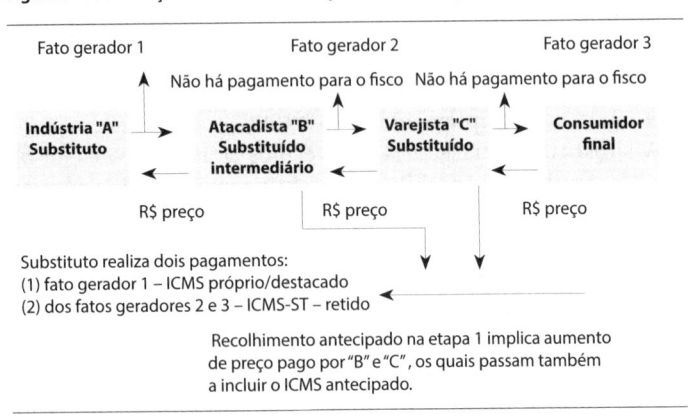

Fato gerador 1 — Fato gerador 2 — Fato gerador 3

Não há pagamento para o fisco — Não há pagamento para o fisco

Indústria "A" Substituto → Atacadista "B" Substituído intermediário → Varejista "C" Substituído → Consumidor final

R$ preço — R$ preço — R$ preço

Substituto realiza dois pagamentos:
(1) fato gerador 1 – ICMS próprio/destacado
(2) dos fatos geradores 2 e 3 – ICMS-ST – retido

Recolhimento antecipado na etapa 1 implica aumento de preço pago por "B" e "C", os quais passam também a incluir o ICMS antecipado.

Conforme o esquema acima, o ICMS é exigido (1) de forma antecipada e (2) de pessoa diversa daquela que realiza o fato gerador — aquelas que fazem circular a mercadoria ou prestam o serviço nas etapas 2 e 3. Isto é: o regime de substituição progressiva altera o momento da exigência, bem como a pessoa de quem se exige o imposto, não havendo, portanto, "valor real da mercadoria ou serviço, já que o fato gerador é antecipado e apenas presumido", consoante a jurisprudência do Superior Tribunal de Justiça, em especial no Recurso em Mandado de Segurança nº 18.677. Cabe ressaltar que a exigência de todo o imposto devido na etapa inicial de circulação encerra o ciclo tributário da mercadoria submetida ao regime de substituição, não havendo, por conseguinte, o aproveitamento de créditos ou o pagamento de ICMS nas etapas subsequentes. Observe-se, ainda, que o substituto responsável (indústria "A") recebe, por meio do preço pago pelo substituído intermediário, o valor da mercadoria mais o montante equivalente à soma do: (1) imposto incidente na própria operação (ICMS próprio/destacado), com (2) o valor do imposto pago antecipadamente (ICMS retido, também denominado ICMS-ST). De fato, o total da nota fiscal emitida pelo substituto tributário responsável abrange, além do valor da mercadoria, as duas parcelas do ICMS (o próprio e o retido), o que permite a concretização do já mencionado *princípio da repercussão legal obrigatória*. Ao substituído intermediário, por sua vez, subsequentemente, quando da efetivação da saída da mercadoria para o varejista, incumbe repassar o ônus financeiro total do imposto incidente e pago nas etapas antecedentes. O varejista, da mesma forma, ao fazer circular a mercadoria, efetivando sua saída para o consumidor final, situação fática subjacente ao negócio jurídico de compra e venda, incluirá o valor total do imposto incidente em todas as etapas da cadeia e pago pelo substituto no preço.

Essa é a razão pela qual, como corolário do princípio da repercussão legal obrigatória, o art. 10 da LC nº 87/1996, que atualmente disciplina as normas gerais da matéria, conforme será examinado no próximo tópico, estabelece ser assegurado ao "contribuinte *substituído* o direito à restituição do valor do imposto pago por força da substituição tributária, correspondente ao fato gerador presumido que não se realizar". Ou seja, somente o contribuinte substituído, pessoa que assume o encargo financeiro do imposto antecipado, na hipótese de o fato gerador presumido não ocorrer, tem a legitimidade para solicitar eventual restituição. Assim, não havendo a repercussão do ICMS antecipadamente pago até o consumidor final, o contribuinte substituído, o qual suportou o ônus do tributo, tem direito à restituição, e não o substituto que efetuou o pagamento do imposto antecipado e o relativo à própria operação ou prestação.

O CTN inaugurou a previsão e possibilidade da denominada substituição tributária progressiva ou "para frente", conforme revela a literalidade do art. 58, §2º, II:

> Art. 58. Contribuinte do imposto é o comerciante, industrial ou produtor que promova a saída da mercadoria.
> [...]
> §2º. A lei pode atribuir a condição de responsável:
> [...]
> II. ao industrial ou comerciante atacadista, quanto ao imposto devido por comerciante varejista, mediante acréscimo ao preço da mercadoria a ele remetida, de percentagem não excedente de 30% que a lei estadual fixar.

Apesar de posteriormente revogado esse dispositivo do CTN pelo art. 13 do Decreto-Lei nº 406/1968, a Lei Complementar nº 44/1983, posteriormente, ao acrescentar o §3º no art. 6º no mesmo Decreto-Lei nº 406/1968, reintroduziu a possibilidade de adoção do regime de substituição tributária "para frente", com relação às mercadorias definidas em suas respectivas legislações. Dispõe o aludido art. 6º do DL nº 406/1968, com a redação conferida pela mencionada LC nº 44/1983:

> Art. 6º. Contribuinte do imposto é o comerciante, industrial ou produtor que promove a saída da mercadoria, o que a importa do Exterior ou que arremata em leilão ou adquire, em concorrência promovida pelo poder público, mercadoria importada e apreendida.
> §1º. Consideram-se também contribuintes:
> I. as sociedades civis de fins não econômicos, inclusive cooperativas que pratiquem com habitualidade operações relativas à circulação de mercadorias;
> II. as sociedades civis de fins não econômicos que explorem estabelecimentos industriais ou que pratiquem, com habitualidade, venda de mercadorias que para esse fim adquirem;
> III. os órgãos da administração pública direta, as autarquias e empresas públicas, federais, estaduais ou municipais, que vendam, ainda que apenas a compradores de determinada categoria profissional ou funcional, mercadorias que, para esse fim, adquirirem ou produzirem.
> §2º. Os Estados poderão considerar como contribuinte autônomo cada estabelecimento comercial, industrial ou produtor, permanente ou temporário, do contribuinte, inclusive veículos utilizados por este no comércio ambulante.
> §3º. A lei estadual poderá atribuir *a condição de responsável*:
> a) *ao industrial, comerciante ou outra categoria de contribuinte, quanto ao imposto devido na operação ou operações anteriores* promovidas com a mercadoria ou seus insumos;
> b) *ao produtor, industrial ou comerciante atacadista, quanto ao imposto devido pelo comerciante varejista;*

c) *ao produtor ou industrial, quanto ao imposto devido pelo comerciante atacadista e pelo comerciante varejista;*
d) aos transportadores, depositários e demais encarregados da guarda ou comercialização de mercadorias.
§4º. Caso o responsável e o contribuinte substituído estejam estabelecidos em Estados diversos, a substituição dependerá de convênio entre os Estados interessados [grifos nossos].

A substituição tributária e a Lei Complementar nº 87/1996

Conforme salientado, a Constituição Federal de 1988 determina que a lei complementar disponha sobre a substituição tributária.

A Lei Complementar nº 87, de 13 de setembro de 1986, trouxe inovações em relação à aplicação dessa sistemática de tributação, ao prever, no §1º de seu art. 6º, que:

A responsabilidade poderá ser atribuída em relação ao imposto incidente sobre uma ou mais operações ou prestações, *sejam antecedentes, concomitantes ou subsequentes, inclusive ao valor decorrente da diferença entre alíquotas interna e interestadual* nas operações e prestações que destinem bens e serviços a consumidor final localizado em outro Estado, que seja contribuinte do imposto [grifos nossos].

Dessa forma, a lei passou a prever a aplicação do regime de substituição tributária não somente em relação a fatos geradores subsequentes e antecedentes, mas também àqueles concomitantes.

Como visto, a substituição tributária relativa a fatos geradores antecedentes já se encontrava prevista no citado Decreto-Lei nº 406/1968, mediante a inclusão do §3º ao art. 6º pela Lei Complementar nº 44/1983. Tal substituição também é expressamente mencionada no §9º do art. 34 do Ato das Disposições Transitórias da Constituição Federal em relação ao ICMS incidente sobre operações com energia elétrica, conforme abaixo:

> §9º. Até que lei complementar disponha sobre a matéria, as empresas distribuidoras de energia elétrica, *na condição de contribuintes ou de substitutos tributários*, serão as responsáveis, por ocasião da saída do produto de seus estabelecimentos, ainda que destinado a outra unidade da Federação, pelo pagamento do imposto sobre operações relativas à circulação de mercadorias incidente sobre energia elétrica, desde a produção ou importação até a última operação, calculado o imposto sobre o preço então praticado na operação final e assegurado seu recolhimento ao Estado ou ao Distrito Federal, conforme o local onde deva ocorrer essa operação [grifos nossos].

Quanto à última hipótese, qual seja, a das operações concomitantes, a doutrina a define como sendo a que atribui a outro contribuinte a responsabilidade pelo pagamento do imposto incidente sobre operação ou prestação que ocorra concomitantemente à sua própria operação. O exemplo comumente relacionado a essa situação é a responsabilidade pelo pagamento do ICMS incidente sobre a prestação de serviços de transporte atribuída ao contratante do serviço em substituição ao prestador.

Relativamente às operações interestaduais, o art. 9º da Lei Complementar nº 87/1996, reproduzindo as disposições do §4º do art. 6º do Decreto-Lei nº 406/1968, determina que "a adoção do regime de substituição tributária em operações interestaduais dependerá de acordo específico celebrado pelos estados interessados". A exigência de convênios ou protocolos celebrados no âmbito do Confaz se dá em cumprimento ao disposto no art. 102 do CTN, o qual condiciona a vigência da legislação tributária estadual fora de seu território à existência de convênio entre as partes. Esse aspecto é essencial para a compreensão da operacionalização do regime de substituição tributária, conforme será examinado detalhadamente na penúltima seção do capítulo 3.

A base de cálculo do imposto devido por substituição tributária "para frente"

Um dos aspectos mais controversos sobre a cobrança do ICMS por substituição tributária é a fixação da base cálculo de retenção, isto é, o preço do produto cobrado pelo varejista na venda ao cliente (consumidor final).

A legislação federal que rege a matéria atualmente é o inciso II do art. 8º da Lei Complementar nº 87 de 13 de setembro de 1996, a seguir:

> Art. 8º. A base de cálculo, para fins de substituição tributária, será:
> [...]
> II. em relação às operações ou prestações subsequentes, obtida pelo somatório das parcelas seguintes:
> a) o valor da operação ou prestação própria realizada pelo substituto tributário ou pelo substituído intermediário;
> b) o montante dos valores de seguro, de frete e de outros encar-

gos cobrados ou transferíveis aos adquirentes ou tomadores de serviço;

c) *a margem de valor agregado, inclusive lucro,* relativa às operações ou prestações subsequentes [grifos nossos].

O §4º do art. 8º acima referido determina que a margem de valor agregado seja estabelecida com base em preços usualmente praticados no mercado considerado, obtidos por levantamento, ainda que por amostragem ou através de informações e outros elementos fornecidos por entidades representativas dos respectivos setores, adotando-se a média ponderada dos preços coletados, devendo os critérios para sua fixação ser previstos em lei.

Os §§3º e 6º do mesmo artigo preveem, ainda, que a base de cálculo em relação às operações ou prestações subsequentes *pode ser* o "preço final a consumidor sugerido pelo fabricante ou importador" ou

> [...] o preço a consumidor final usualmente praticado no mercado considerado, relativamente ao serviço, à mercadoria ou sua similar, em condições de livre concorrência, adotando-se para sua apuração as regras estabelecidas no §4º deste artigo.

Trata-se, este último, do denominado PMPF (preço médio ponderado final), amplamente utilizado no setor de bebidas no estado do Rio de Janeiro, conforme será destacado na segunda seção do capítulo 3.

O Confaz editou o Convênio ICMS nº 70, de 25 de julho de 1997, que dispõe sobre a margem de valor agregado na fixação da base de cálculo do ICMS para efeito de determinação do imposto devido por substituição tributária nas operações subsequentes. Sua cláusula quarta define os seguintes critérios a serem utilizados na metodologia da pesquisa a ser efetuada pelas unidades federadas e pelas entidades representativas do setor envolvido, para fixação da margem de valor agregado:

> Cláusula quarta [...]
> I. identificação do produto, observando suas características particulares, tais como: tipo, espécie e unidade de medida;
> II. preço de venda à vista no estabelecimento fabricante ou importador, incluindo o IPI, frete, seguro, e demais despesas cobradas do destinatário, excluído o valor do ICMS relativo à substituição tributária;
> III. preço de venda à vista no estabelecimento atacadista, incluindo o frete, seguro e demais despesas cobradas do destinatário, excluído o valor do ICMS relativo à substituição tributária;
> IV. preço de venda a vista no varejo, incluindo o frete, seguro e demais despesas cobradas do adquirente;
> V. não serão considerados os preços de promoção, bem como aqueles submetidos a qualquer tipo de comercialização privilegiada.

Podem ser adotados outros critérios que sejam necessários ante a peculiaridade do produto que se pretende submeter ao regime de substituição tributária.

É importante salientar que não deve ser confundida a base de cálculo presumida do ICMS com a denominada "pauta fiscal", a qual é fixada de forma prévia e aleatória, tampouco com o arbitramento realizado pelo fisco na hipótese em que não mereçam fé os valores ou preços de bens, direitos, serviços ou atos jurídicos registrados pelo contribuinte (art. 148 do CTN). Nesse sentido merece destaque a posição da Segunda Turma do Superior Tribunal de Justiça (RMS nº 18.677):

TRIBUTÁRIO. RECURSO EM MANDADO DE SEGURANÇA. ICMS. BASE DE CÁLCULO. PAUTA FISCAL. ILEGALIDADE.
1. Segundo orientação pacificada neste Corte, é indevida a cobrança do ICMS com base em regime de pauta fiscal. Precedentes.
2. O art. 148 do CTN somente pode ser invocado para a determinação da base de cálculo do tributo quando, certa a ocorrência do fato imponível, o valor ou preço de bens, direitos, serviços ou atos jurídicos registrados pelo contribuinte não mereçam fé, ficando a Fazenda Pública, nesse caso, autorizada a proceder ao arbitramento mediante processo administrativo-fiscal regular, assegurados o contraditório e a ampla defesa.
3. Ao final do procedimento previsto no art. 148 do CTN, nada impede que a administração fazendária conclua pela veracidade dos documentos fiscais do contribuinte e adote os valores ali consignados como base de cálculo para a incidência do tributo. Do contrário, caso se entenda pela inidoneidade dos documentos, a autoridade fiscal irá arbitrar, com base em parâmetros fixados na legislação tributária, o valor a ser considerado para efeito de tributação.
3. O art. 8º da LC nº 87/96 estabelece o regime de valor agregado para a determinação da base de cálculo do ICMS no caso de substituição tributária progressiva. Na hipótese, como não há o valor real da mercadoria ou serviço, já que o fato gerador é antecipado e apenas presumido, o dispositivo em tela determina o procedimento a ser adotado, assim resumido: quando o produto possuir preço máximo de venda no varejo, fixado pela autoridade competente ou pelo fabricante, a base de cálculo do ICMS antecipado será esse preço, sem nenhum outro acréscimo (IPI, frete etc.); quando o produto não for tabelado ou não possuir preço máximo de venda no varejo, a base de cálculo do ICMS

antecipado é determinada por meio de valor agregado. Sobre uma determinada base de partida, geralmente o valor da operação anterior, é aplicado um percentual de agregação, previsto na legislação tributária, para se encontrar a base de cálculo do ICMS antecipado.

4. Não há que se confundir a pauta fiscal com o arbitramento de valores previsto no art. 148 do CTN, que é modalidade de lançamento. Também não se pode confundi-la com o regime de valor agregado estabelecido no art. 8º da LC nº 87/96, que é técnica adotada para a fixação da base de cálculo do ICMS na sistemática de substituição tributária progressiva, levando em consideração dados concretos de cada caso. Já a pauta fiscal é valor fixado prévia e aleatoriamente para a apuração da base de cálculo do tributo.

5. Recurso ordinário conhecido e provido.

A jurisprudência do STF e do STJ – impasse interminável?

A ocorrência do fato gerador presumido

E importante destacar, inicialmente, que a substituição tributária progressiva pode ser analisada por diversas perspectivas e tem sido objeto de muita discordância, tanto na doutrina como na jurisprudência, visto que antecipa a exigência do ICMS sobre determinado fato de provável ocorrência, mas que ainda não ocorreu.

Além de alterar o fluxo de caixa das empresas, antecipando a saída de recursos financeiros, parte da doutrina alega que a base de cálculo na substituição "para frente", por se fundamentar em montante que não reflete a realidade da operação, mas valor aproximado, violaria o princípio da legalidade (tipicidade). Os argumentos ganham força se o fato gerador presumido e sua base de cálculo forem considerados definitivos, isto é, se após realizada a operação ou prestação for constatado que o valor efetivamente transacionado foi inferior àquele utilizado para o cálculo do imposto retido, devido por substituição e pago antecipadamente, e não for viabilizada a devolução do montante pago a maior. Ainda, a aplicação da substituição progressiva confere maior grau de rigidez nas flutuações de preços, os quais deveriam, idealmente, seguir as forças do mercado.

Do ponto de vista jurídico, a doutrina costuma argumentar no sentido da inconstitucionalidade da substituição tributária "para frente" com fundamento, em especial, nas seguintes limitações constitucionais ao poder de tributar: (a) desobediência da tipicidade fechada que visa garantir a segurança jurídica; (b) inobservância da capacidade contributiva; (c) vedação ao confisco; (d) falta de isonomia entre setores e contribuintes que exercem a mesma atividade de forma diversa; (e) violação da não cumulatividade; e (f) usurpação da competência privativa da União para instituir empréstimos compulsórios.

Em que pese ao exposto, considerando a expressividade da economia informal e sua taxa de crescimento, a elevada carga tributária no país, bem como as características culturais do povo, em especial a repulsa pelo cumprimento das obrigações tributárias, sem entrar no mérito do que é causa ou efeito, e tendo em vista o elevado custo para controlar e fiscalizar as operações realizadas em milhares de estabelecimentos, a substituição tributária tornou-se medida importante no combate à sonegação, pois concentra em certos contribuintes o pagamento do tributo, o que proporciona melhor controle das operações pelo fisco. Com efeito, o instituto proporciona também, de maneira reflexa, condições mais equânimes de concorrência, ao impedir que, em função da sonegação de tributos, sejam criadas desigualdades indevidas no mercado, possibilitando a redução de preços sem fundamento econômico para tanto. Dessa forma, além de ser instrumento pragmático de proteção eficaz da arrecadação dos tributos, promove a justiça fiscal, na medida em que, ao evitar a sonegação, propicia a distribuição equitativa da carga tributária. Nessa linha, reconheceu Andréa Richter, gerente do Sindicato do Comércio Varejista de Construção de São Paulo, em entrevista às jornalistas Cibelle Bouças e Samantha Maia, do jornal *O Valor*, datado de 19 de abril de 2008, a qual versava sobre a inclusão das mercadorias do setor no regime de substituição "para frente" no ano de 2008, que "a sonegação no setor é grande o suficiente para trazer impacto para os preços com a antecipação do pagamento do tributo pela indústria" paulista.

Nesse contexto, *sem entrar no mérito do que é causa ou efeito*, a substituição tributária progressiva tornou-se, de fato, a solução derradeira para as administrações tributárias do país, considerando, especialmente, as características culturais da sociedade brasileira na sua relação com o tributo, a expressividade da economia informal associada ao elevado custo tributário (da obrigação principal e de adimplência das obrigações acessórias), sem perder de vista que é medida muitas vezes necessária ao alcance da justiça fiscal, na medida em que reduz a possibilidade de sonegação.

Como visto, existem excelentes argumentos nos dois sentidos, tanto na defesa do instituto da substituição progressiva como para criticá-lo, sendo certo que se trata de mais um exemplo em que as características da sociedade, com todas as suas virtudes e defeitos, se refletem no sistema tributário.

Apesar das inúmeras críticas da doutrina em relação à substituição progressiva, conforme apontado, bem como do elevado número de ações judiciais questionando a constitucionalidade da sistemática, a Primeira Turma do Supremo Tribunal Federal, antes mesmo da edição da Lei Complementar nº 87/1996 e da Emenda Constitucional nº 3/1993, decidiu, por maioria de votos, no sentido da constitucionalidade do referido regime, no julgamento do RE nº 213.396-5/SP, que versava sobre a cobrança do ICMS incidente sobre a venda de veículos novos.

As razões de decidir utilizadas nesse recurso extraordinário foram novamente suscitadas em acórdãos posteriores do STF, e a constitucionalidade do regime de substituição tributária foi reconfirmada em outras ocasiões. Segundo a maioria do STF, o princípio da tipicidade não circunscreve ou limita o momento da cobrança do imposto; apenas estabelece que o evento a ensejar a cobrança do tributo esteja vinculado materialmente ao respectivo fato gerador, podendo, entretanto, surgir antes ou depois da exigência do imposto. Além de mencionar que a própria Constituição, no §9º do art. 34 do ADCT, prevê a possibilidade da substituição tributária progressiva, a maioria que se formou no tribunal sustentou ser razoável a previsão no sentido de que a mercadoria industrializada será adquirida por comerciantes, atacadistas e varejistas, e que serão destinadas à revenda para o consumidor final. Ainda, haja vista o fenômeno da repercussão, o instituto não fere os princípios da vedação ao confisco e da capacidade contributiva, pois o ICMS devido por substituição é repassado ao consumidor final, por meio da inclusão do montante retido e recolhido a título de antecipação tributária no preço de venda. Também foi afastada a alegada violação aos princípios da não cumulatividade e da igualdade no citado RE nº 213.396-5/SP, tendo em vista a previsão da lei paulista de devolução do excesso pago na hipótese de a venda final ocorrer em montante inferior àquele estabelecido como base de cálculo presumida. Dessa forma, o ICMS cobrado antecipadamente não seria maior do que o devido em operações normalmente tributadas.

A jurisprudência do Superior Tribunal de Justiça, por sua vez, da mesma forma, antes mesmo da Emenda Constitucional nº 3/1993, a qual será abaixo explicitada, também apresentava a possibilidade da substituição tributária "para frente" – consoante o decidido nos Embargos de Divergência em Recurso Especial nº 39.413 – relativa à venda de veículos automotores novos.

Em 1993, foi aprovada a mencionada Emenda Constitucional nº 3/1993, a qual inseriu o §7º ao art. 150 da CRFB/1988. Com esse dispositivo, constitucionalizou-se, agora no texto permanente da Carta Magna, a possibilidade de instituição, por lei, do regime de substituição tributária em relação a fato gerador futuro presumido:

> Art. 150. [...]
> §7º. A lei poderá atribuir a sujeito passivo de obrigação tributária a condição de responsável pelo pagamento de imposto ou contribuição, cujo fato gerador deva ocorrer posteriormente, assegurada a imediata e preferencial restituição da quantia paga, caso não se realize o fato gerador presumido.

Na mesma linha do art. 25 do Convênio ICM nº 66/1988, a LC nº 87/1996 também prevê a chamada substituição tributária "para frente" em seu art. 6º, em relação às operações e prestações internas, e no art. 9º, no que se refere à adoção do regime de substituição tributária em operações interestaduais, hipótese que depende de acordo específico celebrado pelos estados interessados, conforme já apontado neste capítulo.

Apesar da expressa previsão da substituição progressiva no texto permanente da Constituição, a disciplina complementar por meio da LC nº 87/1996 e sua instituição por meio de leis estaduais e convênios editados no âmbito do Confaz, a discussão e controvérsia acerca do tema continuou.

Parcela substancial da doutrina sustenta a inconstitucionalidade do referido regime, fundamentando-se, ainda, na impossibilidade de *imposição tributária despida de fato gerador* ou da inviabilidade da adoção de *ficção normativa, presunções* e *estimativas* na seara tributária, considerando, em especial, que "o tipo cerrado" compreende a enumeração exaustiva dos elementos da tributação, *numerus clausus*, exclusivismo (elemento suficiente) e determinação, contida na lei tributária.

E se o fato gerador das operações subsequente não ocorrer?

Nessa linha, na ADI nº 1.851-4/AL foi questionada a constitucionalidade da cláusula segunda do Convênio ICMS nº 13/1997, diante do contido no citado §7º do art. 150 da CRFB/1988. Segundo o mencionado dispositivo do ato convenial, não cabe restituição na hipótese de a operação subsequente, submetida à cobrança antecipada, ocorrer em valor inferior àquele que servira de base de cálculo presumida. De acordo com a tese suscitada pelo autor da ação direta, o dispositivo constitucional incluído pela EC nº 3/1993 assegura a imediata e preferencial restituição da quantia paga, caso não se realize o fato gerador presumido, o que incluiria a situação vedada pelo convênio, isto é, o caso em que o preço final praticado fosse inferior àquele submetido à tributação. Nesses termos, segundo a tese esposada na inicial da ADI, se o valor da operação subsequente é inferior ao que serviu de base de cálculo do recolhimento realizado pelo contribuinte substituto, o fato gerador não se realizou em sua precisa dimensão valorativa, razão pela qual caberia a restituição. Ainda, sustentou-se na inicial da referida ação direta de inconstitucionalidade que, caso prevalecesse a cláusula segunda do convênio, seria aberta a possibilidade de o fisco fixar unilateralmente, em pauta fiscal, valores superiores aos de mercado, o que implicaria enriquecimento ilícito dos estados. A maioria do Plenário do STF não acolheu os argumentos do autor da ação e decidiu no sentido da constitucionalidade fixada no convênio, conforme revelam os seguintes trechos da ementa do acórdão da citada ADI nº 1.851-4/AL:

> A EC nº 03/93, [...] aperfeiçoou o instituto, já previsto em nosso sistema jurídico-tributário, ao delinear a figura do fato gerador presumido e ao estabelecer a garantia de reembolso preferencial e imediato do tributo pago *quando não verificado o mesmo fato a final*. [...]. *O fato gerador presumido*, por isso mesmo, *não é provisório, mas definitivo, não dando ensejo a restituição ou complementação do imposto pago, senão, no primeiro caso, na hipótese de sua não realização final*. Admitir o contrário valeria por despojar-se o instituto das vantagens que determinaram a sua concepção e adoção, como a redução, a um só tempo, da máquina fiscal e da evasão fiscal a dimensões mínimas, propiciando, portanto, maior comodidade, economia, eficiência e celeridade às atividades de tributação e arrecadação. Ação conhecida apenas em parte e, nessa parte, julgada improcedente [grifos nossos].

Portanto, conferindo interpretação literal ao disposto no transcrito §7º do art. 150 da CRFB/1988, a maioria do Supremo Tribunal Federal que então se formou naquele julgamento, decidiu no sentido de que a Constituição garante o direito de restituição somente na hipótese de não ocorrer o fato gerador presumido. Assim, o STF consagrou a definitividade da substituição tributária progressiva, isto é, com o recolhimento antecipado seria encerrado o ciclo econômico tributário da mercadoria, salvo no caso de inocorrência absoluta do(s) fato(s) subsequente(s), o que ocorre nos casos de roubo, furto, extravio etc.

No entanto, após esse julgamento (da ADI nº 1.851-4/AL), os governadores dos estados de Pernambuco e de São Paulo ajuizaram as ADIs nºs 2.675/PE e 2.777/SP contra os dispositivos das respectivas legislações estaduais que garantiam o direito à restituição do imposto estadual pago antecipadamente, nas hipóteses em que a base de cálculo da operação fosse inferior à presumida, conforme revela o art. 19 da Lei nº 11.408/1996 do estado de Pernambuco e o art. 66-B da Lei nº 6.374/1989, do estado de São Paulo, respectivamente:

> Art. 19. É assegurado ao contribuinte-substituto o direito à restituição:
> [...]
> II. do valor parcial do imposto pago por força da substituição tributária, proporcionalmente à parcela que tenha sido retida a maior, quando a base de cálculo da operação ou prestação promovida pelo contribuinte-substituído for inferior àquela prevista na antecipação [Lei nº 11.408/1996, do estado de Pernambuco].

> Art. 66-B. Fica assegurada a restituição do imposto pago antecipadamente em razão da substituição tributária:
> II. caso se comprove que na operação final com mercadoria ou serviço ficou configurada obrigação tributária de valor inferior à presumida [Lei nº 6.374/1989, do estado de São Paulo, com a redação conferida pela Lei nº 9.176/1995].

Tendo em vista o decidido pelo STF na aludida ADI nº 1.851-4/AL, argumentam os governadores dos estados de Pernambuco e São Paulo que, se a restituição não é um direito do contribuinte na hipótese de o preço realizado ser inferior ao que serviu de base de cálculo, a devolução da diferença configuraria, necessariamente, benefício fiscal novo, o que somente poderia ser concedido caso houvesse autorização expressa em convênio aprovado pela unanimidade dos estados, nos termos já salientados na última seção do capítulo 1, quando foi apresentada a disciplina fixada pela Lei Complementar nº 24/1975, fundamentada no disposto no art. 155, XII, "g", da CRFB/1988.

Em fevereiro de 2007, o Supremo Tribunal Federal retomou o julgamento de ambas as ADIs (ADIs nºs 2.675/PE e 2.777/SP). Os relatores das ADIs, que ainda se encontram pendentes de decisão final, votaram pela improcedência dos pedidos formulados, isto é, no sentido da prevalência da base de cálculo real sobre a presumida, ao argumento, entre outros, de que, no caso, a vedação à restituição constituiria enriquecimento sem causa por parte do erário e violação do princípio da capacidade contributiva.

Posteriormente, entretanto, com o reconhecimento da existência de repercussão geral da questão constitucional suscitada no RE nº 593.849, da relatoria do ministro Ricardo Lewandowski e de mesmo teor da ADI nº 2.675 e ADI nº 2.777, o Plenário do STF, resolvendo questão de ordem, deliberou sobrestar no julgamento ações diretas de inconstitucionalidade, até o julgamento final do recurso extraordinário, o que não ocorreu até o momento (junho de 2015). Dessa forma, parece que estamos diante de um impasse quase interminável, devendo-se ressaltar as alterações substanciais ocorridas na composição da Corte Suprema desde a propositura das ações diretas de inconstitucionalidade em 2007.

A inclusão de bonificações e descontos na base de cálculo do imposto devido por substituição tributária

No que concerne à base de cálculo na substituição tributária, uma das questões que permeiam com maior frequência as discussões entre fisco e contribuintes se refere à inclusão das bonificações e os descontos, condicionados ou incondicionais. O §1º do art. 24 da Lei nº 2.657/1996 indica no sentido da inclusão de tais rubricas na base de cálculo do imposto:

> Art. 24.
> §1º. Integram, também, a base de cálculo da substituição tributária as *bonificações, descontos* e quaisquer outras deduções concedidas no valor total ou unitário da mercadoria [grifos nossos].

No mesmo sentido também é a jurisprudência da Segunda Turma do STJ, fixada no REsp nº 1.098.304/MG, de relatoria da ministra Eliana Calmon, julgado em 5 de agosto de 2010, cujo acórdão contém o trecho abaixo transcrito:

3. O intuito de lucro e a inexistência de obrigação legal imputável aos contribuintes da cadeia de circulação de mercadorias impede a adoção da presunção de que as mercadorias adquiridas por bonificação permanecerão com esta qualidade até a destinação final pelo consumidor. Precedente: REsp. 993409/MG, Rel. Ministro CASTRO MEIRA, SEGUNDA TURMA, julgado em 13/05/2008, DJe 21/05/2008.
4. Validade da exigência de destaque do ICMS no regime de substituição tributária pelo substituto tributário nas operações interestaduais.

Na mesma linha, vide REsp nº 1.167.564/MG, também de relatoria da ministra Eliana Calmon, cujo trecho relevante da ementa merece destaque:

1. O valor dos descontos incondicionais não integra a base de cálculo do ICMS na operação do contribuinte substituto por conta própria. 2. Não se presume a subsistência dos descontos incondicionais nas operações subsequentes da cadeia de circulação de mercadorias. 3. Sobre as operações de circulação de mercadorias posteriores à operação do contribuinte substituto utiliza-se a base de cálculo presumida, descabendo falar-se em perpetuidade dos descontos incondicionais.

Nesses termos, a base de cálculo do imposto retido (ICMS-ST), devido por substituição tributária, deve incluir todos os montantes relativos a descontos, condicionados ou não, e bem assim as denominadas bonificações.

Em sentido diverso, na hipótese já examinada de tributação pelo regime normal de apuração e pagamento do imposto, são excluídos da base de cálculo do ICMS os descontos incondicionais, conforme revela a citada Súmula nº 457 do STJ ("Os descontos incondicionais nas operações mercantis não se incluem na base de cálculo do ICMS.").

Portanto, também na apuração do imposto próprio (ICMS próprio/destacado) devido em operação com mercadoria submetida ao regime de substituição tributária os descontos incondicionais não estão incluídos na base de cálculo do ICMS.

A substituição tributária e o Simples Nacional

A Constituição Federal prevê a concessão tratamento diferenciado e favorecido para as microempresas e para as empresas de pequeno porte, em especial em relação ao ICMS, para o qual é facultado o estabelecimento de regimes especiais ou simplificados, conforme alínea "d" do inciso III de seu art. 146.

Esse tratamento diferenciado e favorecido foi instituído pela Lei Complementar Federal nº 123, de 14 de dezembro de 2006, que criou o Estatuto Nacional da Microempresa e da Empresa de Pequeno Porte e o Regime Especial Unificado de Arrecadação de Tributos e Contribuições Devidos pelas Microempresas e Empresas de Pequeno Porte (Simples Nacional).

As empresas optantes pelo Simples Nacional fazem jus ao recolhimento mensal, mediante documento único de arrecadação, dos seguintes impostos e contribuições: imposto sobre a renda da pessoa jurídica (IRPJ), imposto sobre produtos industrializados (IPI), contribuição social sobre o lucro líquido (CSLL), contribuição para o financiamento da seguridade social (Cofins), contribuição para o PIS/Pasep, contribuição patronal previdenciária (CPP) para a seguridade social, a cargo da pessoa jurídica, imposto sobre operações relativas à circulação de mercadorias e sobre prestações de serviços de transporte interestadual e intermunicipal e de comunicação (ICMS) e imposto sobre serviços de qualquer natureza (ISS), nos termos do art. 13 da citada LC nº 123/2006.

No entanto, alguns tributos são excepcionados da regra de pagamento em um único documento de arrecadação, sujeitando-se à legislação aplicável às demais pessoas jurídicas.

Assim, estão excluídos do pagamento pelo Simples Nacional: imposto sobre operações de crédito, câmbio e seguro, ou relativas a títulos ou valores mobiliários (IOF), imposto sobre a importação de produtos estrangeiros (II), imposto sobre a exportação, para o exterior, de produtos nacionais ou nacionalizados (IE), imposto sobre a propriedade territorial rural (ITR), imposto de renda relativo aos rendimentos ou ganhos líquidos auferidos em aplicações de renda fixa ou variável e o relativo aos ganhos de capital auferidos na alienação de bens do ativo permanente, contribuição para o fundo de garantia do tempo de serviço (FGTS), contribuição para manutenção da seguridade social relativa ao trabalhador, contribuição para a seguridade social relativa à pessoa do empresário na qualidade de contribuinte individual, imposto de renda relativo aos pagamentos ou créditos efetuados pela pessoa jurídica a pessoas físicas, contribuição para o PIS/Pasep, Cofins e IPI incidentes na importação de bens e serviços, ISS devido em relação aos serviços sujeitos à substituição tributária ou retenção na fonte e na importação de serviços, além de outros tributos de competência de quaisquer dos entes federados, não relacionados no dispositivo legal.

Especificamente, em relação ao ICMS, há previsão de *pagamento em separado*, isto é, segundo as regras gerais de tributação, nas seguintes situações:

a) nas *operações sujeitas ao regime de substituição tributária*, tributação concentrada em uma única etapa (monofásica) e sujeitas ao regime de antecipação do recolhimento do imposto com encerramento de tributação, envolvendo combustíveis e lubrificantes; energia elétrica; cigarros e outros produtos derivados do fumo; *bebidas*; óleos e azeites vegetais comestíveis; farinha de trigo e misturas de farinha de trigo; massas alimentícias; açúcares; produtos lácteos; carnes e suas preparações; preparações à base de cereais; chocolates; produtos de padaria e da indústria de bolachas e biscoitos; sorvetes e preparados para fabricação de sorvetes em máquinas; cafés e mates, seus extratos, essências e concentrados; preparações para molhos e molhos preparados; preparações de produtos vegetais; rações para animais domésticos; veículos automotivos e automotores, suas peças, componentes e acessórios; pneumáticos; câmaras de ar e protetores de borracha; medicamentos e outros produtos farmacêuticos para uso humano ou veterinário; cosméticos; produtos de perfumaria e de higiene pessoal; papéis; plásticos; canetas e malas; cimentos; cal e argamassas; produtos cerâmicos; vidros; obras de metal e plástico para construção; telhas e caixas d'água; tintas e vernizes; produtos eletrônicos, eletroeletrônicos e eletrodomésticos; fios; cabos e outros condutores; transformadores elétricos e reatores; disjuntores; interruptores e tomadas; isoladores; para-raios e lâmpadas; máquinas e aparelhos de ar-condicionado; centrifugadores de uso doméstico; aparelhos e instrumentos de pesagem de uso doméstico; extintores; aparelhos ou máquinas de barbear; máquinas de cortar o cabelo ou de tosquiar; aparelhos de depilar, com motor elétrico incorporado; aquecedores elétricos de água para uso doméstico e termômetros; ferramentas; álcool etílico; sabões em pó e líquidos para roupas; detergentes; alvejantes; esponjas; palhas de aço e amaciantes de roupas; venda de mercadorias pelo sistema porta a porta; nas operações sujeitas ao regime de substituição tributária pelas operações anteriores; e nas prestações de serviços sujeitas aos regimes de substituição tributária e de antecipação de recolhimento do imposto com encerramento de tributação;

b) por terceiro, a que o contribuinte se ache obrigado, por força da legislação estadual ou distrital vigente;

c) na entrada, no território do Estado ou do Distrito Federal, de petróleo, inclusive lubrificantes e combustíveis líquidos e gasosos dele derivados, bem como energia elétrica, quando não destinados à comercialização ou industrialização;

d) por ocasião do desembaraço aduaneiro;

e) na aquisição ou manutenção em estoque de mercadoria desacobertada de documento fiscal;

f) na operação ou prestação desacobertada de documento fiscal;

g) nas operações com bens ou mercadorias sujeitas ao regime de antecipação do recolhimento do imposto, nas aquisições em outros estados e Distrito Federal:
   1. com encerramento da tributação [...];
   2. sem encerramento da tributação, hipótese em que será cobrada a diferença entre a alíquota interna e a interestadual, sendo vedada a agregação de qualquer valor;

h) nas aquisições em outros estados e no Distrito Federal de bens ou mercadorias, não sujeitas ao regime de antecipação do recolhimento do imposto, relativo à diferença entre a alíquota interna e a interestadual; [LC nº 123/2006, art. 13, §1º, inciso XIII, grifos nossos].

Portanto, a microempresa e a empresa de pequeno porte *devem recolher o ICMS a que estão obrigadas por força da substituição tributária*, incluídas as operações com *bebidas*, alcoólicas ou não. Atualmente, as regras para o cálculo do ICMS devido por substituição tributária estão regulamentadas no art. 28 da Resolução do Comitê Gestor do Simples Nacional (CGSN) nº 94, de 29 de novembro de 2011, conforme abaixo:

1. a parcela dos tributos devidos por responsabilidade tributária é pago diretamente ao ente detentor da respectiva competência tributária.
2. o valor do ICMS devido por substituição tributária corresponderá à diferença entre:
   2.1 o valor resultante da aplicação da alíquota interna do estado destinatário da mercadoria sobre o preço máximo de venda a varejo fixado pela autoridade competente ou sugerido pelo fabricante, ou sobre o preço a consumidor usualmente praticado;
   2.2 o valor resultante da aplicação da alíquota interna ou interestadual sobre o valor da operação ou prestação própria do substituto tributário.
3. Caso não haja os preços mencionados no subitem 2.2 acima, o valor do ICMS devido por substituição tributária será calculado da seguinte forma:
   imposto devido = [base de cálculo × (1,00 + MVA) × alíquota interna] − dedução, onde:
   3.1 "base de cálculo" é o valor da operação própria realizada pela ME ou EPP substituta tributária;
   3.2 "MVA" é a margem de valor agregado incidente sobre a operação no estado destinatário;

3.3 "alíquota interna" é a do estado destinatário;

3.4 "dedução" é o valor mencionado no subitem 2.2 acima.

No cálculo dos tributos devidos no regime Simples Nacional, não será considerado receita de venda ou revenda de mercadorias o valor do tributo devido a título de substituição tributária.

A substituição tributária no estado do Rio de Janeiro

A cobrança do ICM pela sistemática da substituição tributária no estado do Rio de Janeiro iniciou-se com a edição de Resolução SEF nº 1.095, de 30 de abril de 1984, que criou o "Estatuto da Substituição Tributária".

Inicialmente, a cobrança do imposto por substituição tributária era limitada a poucas mercadorias, cuja produção fosse limitada a um número restrito de fabricantes, sendo sua venda altamente pulverizada, por exemplo, cigarros, cervejas e refrigerantes, o que dificulta sobremaneira o controle pelo fisco do pagamento do imposto. Some-se a isso a vantagem de os preços, à época, serem fixados pelo governo, o que não gerava questionamentos acerca do montante do imposto a ser pago.

A aplicação do regime foi amplamente contestada pelos contribuintes nos tribunais, sendo objeto de inúmeras ações, conforme visto anteriormente, neste capítulo.

O estado do Rio de Janeiro, como já afirmado, foi um dos pioneiros na adoção do regime de substituição tributária. Em 30 de maio de 1985 foi editada a Lei nº 846, que dispunha sobre a substituição tributária em operações sujeitas ao imposto sobre circulação de mercadorias. À época previa-se que o regime de substituição tributária seria aplicável a 53 mercadorias relacionadas em seu anexo.

O Poder Executivo, no exercício da faculdade a ele atribuída pelo inciso II do art. 3º da mencionada lei, limitou a aplicação da substituição tributária a nove itens, relacionados no anexo da Resolução SEF nº 1.229, de 28 de agosto de 1985, a seguir relacionados:
1. Farinha de trigo para transformação;
2. Farinha de trigo em embalagem para uso doméstico;
3. Medicamento, esparadrapo, algodão farmacêutico, gaze, absorvente e mamadeira;
4. Lâmina de barbear e aparelho de barbear descartável;
5. Isqueiro;
6. Filme fotográfico e cinematográfico e *slide;*
7. Disco fonográfico, fita virgem e gravada;
8. Pilha e bateria elétrica;
9. Lâmpada elétrica.

Observe-se que os estados passaram a adotar a substituição tributária em operações interestaduais desde o ano de 1984, com a edição dos protocolos ICM nº 4, de 3 de maio de 1984, que dispunha sobre operações com sorvete, e nº 9, de 8 de maio de 1984, que concedia anuência recíproca para que cada um dos signatários celebrasse, com fabricantes de refrigerantes e cervejas, inclusive chope, estabelecidos nos territórios dos demais, acordo individual ou coletivo para retenção, na origem, do ICM devido pelas subsequentes saídas a serem promovidas em seu território, pelos contribuintes destinatários de refrigerantes e cervejas, inclusive chopes, remetido por aqueles fabricantes. Esse acordo foi revogado e substituído pelo Protocolo ICM nº 16/1984.

Em 1985 foram celebrados os Protocolos ICM 1 n°s 1/1985, 15/1985, 16/1985, 17/1985, 18/1985, 19/1985 e 22/1985 que dispõem, respectivamente, sobre a substituição tributária nas operações com: cimento; filme fotográfico e cinematográfico e *slide*; lâmina de barbear, aparelho de barbear descartável e isqueiro; lâmpada elétrica; pilha e bateria elétricas; disco fonográfico, fita virgem ou gravada e farinha de trigo. Com exceção do Protocolo ICM nº 22/1985, os demais, apesar de terem sofrido muitas alterações, continuam em vigor.

A Lei nº 846/1985 manteve-se em vigor até a edição da Lei estadual nº 2.657, de 26 de dezembro de 1996, editada com base nas inovações trazidas pela Lei Complementar nº 87/1996. Cumpre observar que a Lei nº 846/1985 já previa a hipótese de cobrança do ICM na entrada da mercadoria no território fluminense, além de estabelecer a possibilidade de atribuição de responsabilidade ao adquirente da mercadoria, em substituição ao remetente.

Após a edição da Lei Complementar nº 87/1996, o estado do Rio de Janeiro instituiu o ICMS por meio da Lei estadual nº 2.657/1996, que dedicou o Capítulo V à substituição tributária.

O Regulamento do ICMS (RICMS-RJ/2000), aprovado pelo Decreto nº 27.427, de 17 de novembro de 2000, possui dois livros, Livro II e Livro IV, dedicados a operações sujeitas ao regime de substituição tributária. O Livro II do RICMS-RJ/2000 trata das normas gerais de substituição tributária, define o contribuinte substituto e o responsável, dispõe sobre a base de cálculo e a margem de valor agregado (MVA), prevê as hipóteses de restituição e ressarcimento e regulamenta o cumprimento das obrigações acessórias, o que é complementado pela Resolução Sefaz nº 537/2012. O Anexo I do Livro II do RICMS/2000 lista as mercadorias sujeitas ao regime de substituição tributária, com as MVAs aplicáveis, e cita legislação específica, isto é, convênio ou protocolo que obriga o remetente localizado em outra unidade federada a fazer a retenção do imposto relativo à operação subsequente com a mercadoria. O Livro IV disciplina as operações com combustíveis e lubrificantes derivados ou não de petróleo sujeitas ao regime de substituição tributária, para as quais há regras específicas.

Capítulo 3

A substituição tributária do vinho no estado do Rio de Janeiro

Vinho: o consumo e a regulação da produção e do comércio no país

No Brasil, nos últimos anos, houve um aumento significativo no consumo de vinho e também nas publicações e matérias jornalísticas sobre o tema.

Na verdade, o vinho vem fascinando a humanidade há séculos. Sua história está intimamente relacionada com a do homem. Há indícios de que o cultivo de uvas para a produção de vinho remonta a cerca de 7.000 anos antes de Cristo.

Em todas as grandes civilizações, há relatos associados ao vinho, desde a história de Noé no Antigo Testamento, passando pelos egípcios, assírios, babilônios, gregos e chegando até os romanos, que o difundiram por todo o seu império.

O vinho é parte da história de várias religiões. Os gregos o consideravam como uma dádiva dos deuses, em cuja homenagem eram celebrados festivais, prática também adotada pelos romanos. O vinho é parte integrante da religião cristã, sendo ofertado como memória da redenção da humanidade.

Não pretendemos, no entanto, nos alongar sobre aspectos históricos ou religiosos da interação do homem com o vinho, mas ater-nos, tão somente, a essa pequena parcela do aspecto econômico relacionado a sua comercialização, que é a aplicação do regime de substituição tributária nas operações sujeitas à incidência do ICMS.

Preliminarmente, cabe fazer um pequeno adendo sobre a legislação brasileira relativa à produção e comercialização de vinho. A Lei Federal nº 7.678, de 8 de novembro de 1988, dispõe sobre a produção, circulação e comercialização do vinho e derivados da uva e do vinho no território nacional, que devem obedecer às normas nela fixadas e a padrões de identidade e qualidade a serem estabelecidos em regulamento.

A definição de vinho, contida no art. 3º dessa lei, identifica-o como a bebida obtida pela fermentação alcoólica do mosto simples de uva sã, fresca e madura e veda essa designação a produtos obtidos de quaisquer outras matérias-primas.

A lei também estabelece critérios para a classificação do vinho, quanto à classe, à cor e ao teor de açúcar, além de determinar a forma como a graduação alcoólica será expressa: *em graus Gay Lussac, em percentual (%) por volume, à razão de um para um (v/v) a 20ºC (vinte graus Celsius).*

Atualmente, a Lei nº 7.678/1988 encontra-se regulamentada pelo Decreto nº 8.198, de 20 de fevereiro de 2014.

A carga tributária e a substituição tributária nas operações com bebidas

A legislação tributária prevê duas alíquotas distintas do ICMS incidente sobre operações com bebidas alcoólicas no estado do Rio de Janeiro, conforme art. 14 da Lei nº 2.657/1996, as quais são acrescidas de 1% destinado ao Fundo Estadual de Combate à Pobreza e às Desigualdades Sociais (FECP), instituído pela Lei nº 4.056, de 30 de dezembro de 2002:
  a) cerveja, chope e aguardente de cana e melaço são tributados pela aplicação da alíquota de 18% (17% + 1%), de acordo com os incisos XXII e XXIV do dispositivo legal acima citado;
  b) para as demais bebidas alcoólicas, o inciso VII prevê a alíquota de 38% (37% + 1%), posteriormente reduzida de forma que a incidência do imposto resulte em carga tributária de 26%, já incluído o percentual de 1% destinado ao FECP, nos termos do art. 2º do Decreto nº 34.681, de 29 de dezembro de 2003.

Cabe destacar, por oportuno, que o art. 5º do Decreto nº 36.111/2004 reduziu a carga tributária relativamente às saídas praticadas por estabelecimentos industriais localizados no estado do Rio de Janeiro, mediante a concessão de crédito presumido de 7% ao fabricante de aguardente de cana e de melaço e de 14% aos fabricantes de demais bebidas alcoólicas das posições 22.04 a 22.08 da Nomenclatura Comum do Mercosul, que tem como base o Sistema Harmonizado de Designação e Codificação de Mercadorias (NCM/SH). As cervejas e o chope não são beneficiados por essa redução, pois são classificados na posição 2203.00.00 da NCM/SH. Apresentada a carga tributária incidente sobre as bebidas no estado do Rio de Janeiro, impõe-se salientar que a aplicação do regime de substituição tributária nas operações com as denominadas bebidas frias – cerveja, chope, refrigerante e água mineral – não será objeto de análise detalhada neste pequeno volume. Essas mercadorias, juntamente com cigarros e cimento, foram as pioneiras na aplicação da substituição tributária no país.

No estado do Rio de Janeiro, a cobrança do ICMS pelo regime de substituição tributária nas operações com bebidas alcoólicas, exceto cerveja e chope, ocorreu em dois momentos ao longo do período de vigência desse regime tributário.

A primeira experiência iniciou-se em 1º de agosto de 2002, com a edição do Decreto nº 31.424, de 26 de junho de 2002, e vigorou até 31 de agosto de 2004, em conformidade com as disposições dos arts. 3º e 6º do Decreto nº 36.111/2004.

Atualmente, dispõe o item 1 do Anexo I do Livro II do Regulamento do ICMS do estado do Rio de Janeiro, aprovado pelo Decreto nº 27.427/2000, que a base de cálculo do imposto para fins de substituição tributária nas operações com água mineral, gasosa ou não, ou potável, cerveja, chope, refrigerante e outras bebidas, e gelo, é o preço a consumidor final usualmente praticado no mercado do estado do Rio de Janeiro (PMPF), com base no §10 do art. 24 da Lei nº 2.657/1996. Ressalte-se, no entanto, que as margens de valor adicionado listadas no referido Anexo I do RICMS/2000 serão utilizadas subsidiariamente, quando não houver PMPF ou preço sugerido aplicável. Cumpre ainda destacar que, em dezembro de 2014, foi editada a Resolução Sefaz nº 821/2014, segundo a qual compete à Subsecretaria de Estado de Receita (SSER) divulgar a lista de preços médios ponderados a consumidor final (PMPF) para determinação da base de cálculo de retenção do ICMS na sujeição passiva por substituição tributária em relação às operações com cerveja e chope, água mineral, refrigerantes, bebidas hidroeletrolíticas (isotônicas) e energéticas, isto é, as chamadas "bebidas frias". Segundo a disciplina fixada pela resolução Sefaz, na hipótese em que o valor unitário da mercadoria na operação própria do contribuinte substituto seja igual ou superior a 90% do PMPF vigente, a base de cálculo do imposto devido em razão da substituição tributária será o preço praticado pelo contribuinte substituto, incluídos os valores correspondentes a frete, carreto, seguro, impostos e outros encargos transferíveis ao adquirente, acrescido do valor resultante da aplicação de percentual de margem de valor agregado constante do item 1 do Anexo I do Livro II do Regulamento do ICMS.

Dessa forma, como regra geral, para essas "bebidas frias" não se aplica a margem de valor adicionado sobre o denominado preço de partida, para determinação da base de cálculo sobre a qual se aplica a alíquota do ICMS. Por sua vez, relativamente às denominadas "bebidas quentes", em 17 de julho de 2014, os estados do Rio de Janeiro e de São Paulo celebraram o Protocolo ICMS nº 29/2014, que determinou a aplicação do regime de substituição tributária nas operações interestaduais com bebida alcoólica, exceto cerveja e chope, realizadas entre remetentes localizados nos dois estados.

O Protocolo ICMS nº 29/2014 foi internalizado no estado do Rio de Janeiro pelo Decreto nº 44.950, de 12 de setembro de 2014, que incluiu o item 38 no Anexo I do Livro II do RICMS-RJ/2000. A regulamentação da matéria se deu por meio da Resolução Sefaz nº 789, de 15 de setembro de 2014, a qual dispõe sobre a base de cálculo da substituição tributária do ICMS das "bebidas quentes", isto é, nas operações com bebidas alcoólicas, exceto cerveja e chope. O Anexo único dessa resolução lista as mercadorias e seus respectivos preços médios ponderados finais (PMPF).

A substituição tributária do vinho

Por ocasião da celebração do Protocolo ICMS nº 29/2014, houve grande repercussão na mídia impressa, tendo sido objeto de matérias em jornais locais e também de outras unidades federadas.

O *Jornal do Comércio* de Porto Alegre, Rio Grande do Sul, publicou, em 12 de novembro de 2014, o comentário abaixo, em relação à entrada em vigor da substituição tributária nas operações com vinho no Rio de Janeiro:

> As dificuldades para harmonizar vinhos e contabilidade colocaram em alerta o comércio do Rio de Janeiro neste fim de ano e devem ter reflexos no Rio Grande do Sul, maior produtor nacional de vinhos e espumantes.

No entanto, o texto da reportagem foi bem menos alarmante ao analisar a notícia. Não se esperavam reflexos nos preços internos, pois naquela unidade federada o produto já estava sujeito à substituição tributária desde 2009.

A matéria, aliás, ataca o mito de que a cobrança antecipada do imposto gera aumento do preço. Muitos comerciantes acham que por estarem comprando um produto mais caro têm de repassar esse valor ao consumidor, sem perceber que, apesar de pagar mais no momento da compra, também deixam de recolher o imposto quando o comercializam.

Por fim, foi divulgada declaração da Associação Brasileira de Bebidas (Abrabe) em defesa da substituição tributária. O líder da associação afirma que "o regime ajuda a garantir a competitividade do setor, colocando as empresas que disputam um lugar à mesa e na adega do consumidor em pé de igualdade".

Em sentido diametralmente oposto à notícia acima comentada, *O Globo* estampou, em sua edição de 19 de outubro de 2014, o seguinte título: "Alteração no regime de ICMS deve elevar o preço dos vinhos em até 50% no Rio".

A publicação fluminense traz a opinião de vários comerciantes contrários à medida, enfatizando que ela afeta o fluxo de caixa das empresas, em especial as pequenas. Muitas outras publicações abordaram o tema, refletindo o temor de contribuintes e consumidores com a expectativa de aumento de preços variando entre 20% e 50%.

Como sempre, o ponto mais controverso relativamente à cobrança do ICMS por substituição tributária foi a fixação da base de cálculo de retenção.

Conforme se verifica, o citado item 38 do Anexo I do Livro II do RICMS-RJ/2000 determina que a base de cálculo do imposto para fins de substituição tributária nas operações com bebidas alcoólicas, exceto cerveja e chope, é o preço a consumidor final usualmente praticado no mercado do estado do Rio de Janeiro (PMPF) divulgado por meio de Resolução do secretário de Estado de Fazenda, nos termos do §10 do art. 24 da Lei nº 2.657/1996 e dos protocolos firmados no âmbito do Confaz de que o estado do Rio de Janeiro seja signatário.

O secretário de Estado de Fazenda editou a *já mencionada* Resolução Sefaz nº 789/2014, que dispõe sobre a base de cálculo da substituição tributária do ICMS nas operações com bebidas alcoólicas, exceto cerveja e chope. O Anexo único dessa resolução lista as mercadorias e seus respectivos preços médios ponderados finais (PMPF).

Dessa forma, o contribuinte substituto deve calcular e recolher o ICMS devido por substituição tributária mediante a aplicação da alíquota correspondente diretamente sobre o PMPF constante do referido anexo.

Na hipótese de não haver PMPF ou preço sugerido aplicável, o sujeito passivo por substituição deverá adotar as margens de valor agregado (MVA) constantes do Anexo I do Livro II do RICMS-RJ/2000.

Relativamente ao vinho, espumantes e bebidas semelhantes, devido à quase infinidade de produtos existentes, torna-se impraticável a divulgação de listagem de preços, tendo-se optado pela fixação de MVA, calculada de acordo com os critérios estabelecidos no Convênio ICMS nº 70/1997, conforme quadro a seguir.

Quadro 2 - Margens de valor agregado relativas ao vinho, espumantes e bebidas semelhantes

Subitem	NCM/SH	Descrição	MVA original	MVA ajustada	
				Alíquota interestadual de 12%	Alíquota interestadual de 4%
38.1	2204.10	Vinhos espumantes e vinhos espumosos nacionais classificados na posição 2204.10 da Nomenclatura Brasileira de Mercadorias (NBM)/SH.	50,61%	50,61%	64,30%
38.2	22.04 22.05 22.06	Vinhos, filtrados doces, sangria e sidras nacionais não relacionados no subitem 38.1.	72,25%	72,25%	87,91%
38.3	22.04 22.05 22.06	Vinhos, cavas, champagnes, espumantes, filtrados doces, proseccos, sangria e sidras importados.	62,26%	62,26%	77,01%
38.4	22.04 22.05 22.06 22.07 22.08	Outras bebidas alcoólicas, exceto cerveja e chope, não relacionadas em outros subitens deste anexo.	61,05%	61,05%	75,69%

Fonte: Anexo I do Livro II do RICMS/2000.

Relativamente às operações internas, o contribuinte substituto é o industrial ou o importador, devendo o ICMS ser retido no momento da saída de seus estabelecimentos. Considerando que o estado do Rio de Janeiro não é produtor de vinho, o sujeito passivo, responsável pela retenção e recolhimento do ICMS incidente sobre as operações subsequentes com vinhos, espumantes e demais bebidas de que trata a Lei Federal nº 7.678/1988 é o importador.

Por sua vez, o contribuinte localizado no estado do Rio de Janeiro que remeter vinho, espumantes etc. para contribuinte localizado em outra unidade federada deve tributar a operação própria pela aplicação da alíquota interestadual. Assim, caso se trate de mercadoria importada, o destaque se fará pela alíquota de 4%, e, se nacional, aplicar-se-á a alíquota de 12%, quando a mercadoria se destinar aos estados da região Sul e Sudeste, exceto Espírito Santo, e de 7% para os estados do Norte, Nordeste e Centro-Oeste, além do Espírito Santo. Na hipótese de o estado de localização do destinatário ser signatário de protocolo com o estado do Rio de Janeiro, o remetente fluminense deverá fazer também a retenção do ICMS por substituição tributária em conformidade com a legislação do estado de destino.

Por outro lado, os contribuintes localizados no estado do Rio de Janeiro que adquirirem vinho ou outras bebidas alcoólicas em operações interestaduais podem se enquadrar em três situações, em razão da origem da mercadoria:

- entradas oriundas de estados signatários de convênio ou protocolo (no caso do vinho, originadas dos estados de São Paulo, Espírito Santo, Minas Gerais, Paraná, Rio Grande do Sul e Santa Catarina, por força dos citados protocolos ICMS nº 29/2014 e nº 103/2012);
- entradas oriundas de estados *não* signatários de convênio ou protocolo, mas em que o contribuinte localizado

em outra UF tenha firmado termo de acordo com o fisco fluminense;
- entradas oriundas de estados *não* signatários de convênio ou protocolo e sem termo de acordo com o contribuinte de outra unidade federada.

Nas duas primeiras situações, o ICMS deverá ser retido pelo remetente da mercadoria, devendo essa circunstância ser informada na respectiva nota fiscal. Caso o imposto não seja retido pelo remetente, o adquirente fica responsável pelo seu pagamento no momento da entrada da mercadoria no território fluminense, nos termos do art. 25 da Lei nº 2.657/1996.

No último caso, o contribuinte fluminense é o contribuinte substituto, de acordo com o art. 21, inciso VI, da Lei nº 2.657/1996 e deve fazer a retenção e pagamento do ICMS até o momento da entrada do estado.

Apresentamos abaixo quadros esquemáticos que retratam as operações interestaduais com mercadorias sujeitas ao regime de substituição tributária.

Situação 1: remetente de outra UF e destinatário do RJ, quando há convênio ou protocolo entre as UFs.

Vinho: Protocolo ICMS nº 29/2014 e Protocolo ICMS nº 103/2012.

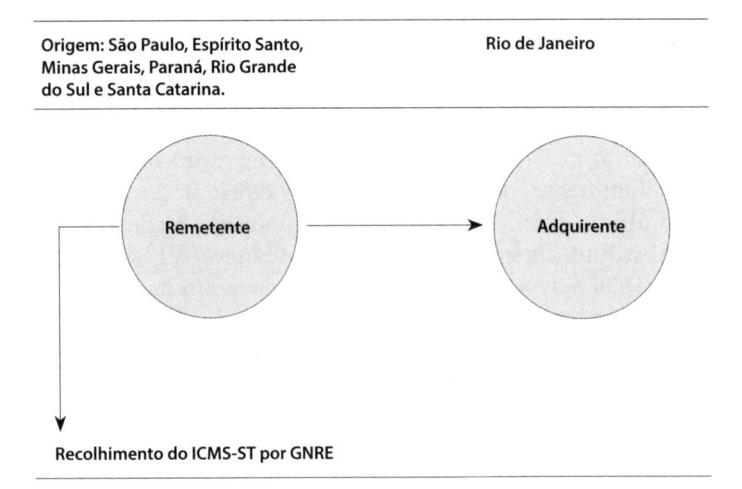

Origem: São Paulo, Espírito Santo, Minas Gerais, Paraná, Rio Grande do Sul e Santa Catarina.	Rio de Janeiro

Remetente → Adquirente

Recolhimento do ICMS-ST por GNRE

Remetente deve ser inscrito no cadastro de contribuintes do estado do Rio de Janeiro (Sicad)

- Remetente inscrito: GNRE único por período de apuração, pago até o dia 9 do mês sub-sequente (responsável: *remetente* – art. 3º, *caput*, da Resolução nº 537/2012).
- Remetente não inscrito: GNRE emitida a cada operação (responsável: *remetente* – art. 3º, §3º, da Resolução nº 537/2012).

Situação 2: Remetente de outra UF e destinatário do RJ, quando NÃO há convênio ou protocolo entre as UFs

Situação 2.1: Há TERMO DE ACORDO entre o estado do Rio de Janeiro e o contribuinte (remetente)
(Art. 3º, §1º, da Resolução nº 537/2012)

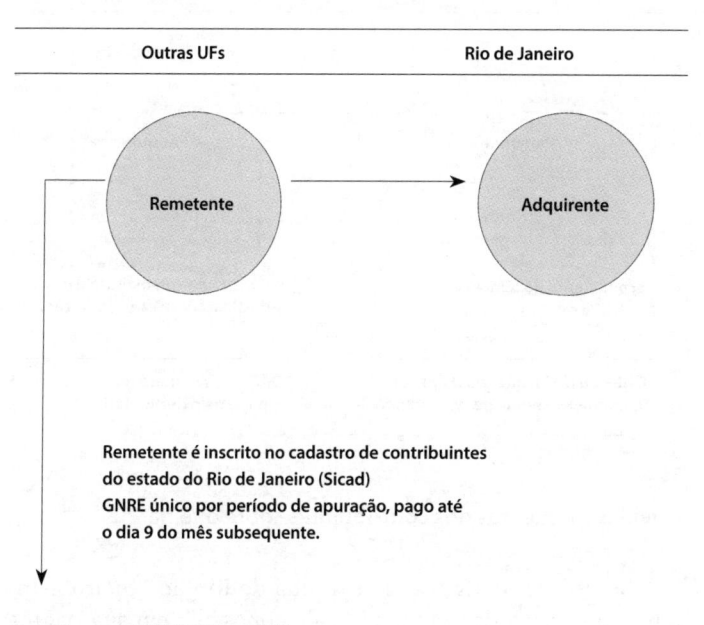

Outras UFs	Rio de Janeiro
Remetente	Adquirente

Remetente é inscrito no cadastro de contribuintes do estado do Rio de Janeiro (Sicad)
GNRE único por período de apuração, pago até o dia 9 do mês subsequente.

Recolhimento do ICMS-ST por GNRE

Situação 2.2: NÃO há TERMO DE ACORDO entre o estado do Rio de Janeiro e o contribuinte (remetente)

(Art. 4º da Resolução nº 537/2012)

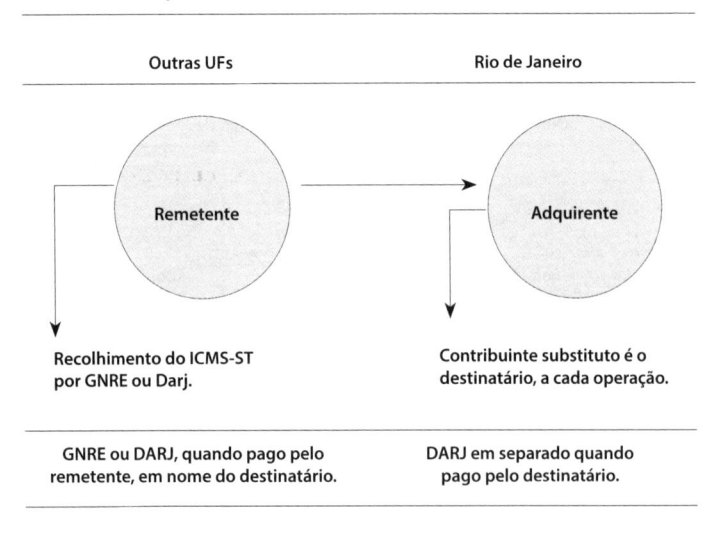

Outras UFs	Rio de Janeiro
Remetente	Adquirente
Recolhimento do ICMS-ST por GNRE ou Darj.	Contribuinte substituto é o destinatário, a cada operação.
GNRE ou DARJ, quando pago pelo remetente, em nome do destinatário.	DARJ em separado quando pago pelo destinatário.

Dúvidas frequentes dos contribuintes sobre o tema

A Secretaria de Estado de Fazenda do Rio de Janeiro mantém um serviço denominado "Fale conosco", em sua página na internet (www.fazenda.rj.gov.br), que objetiva responder a dúvidas relativas à legislação tributária estadual. Transcrevemos abaixo algumas das dúvidas publicadas nessa seção "Fale conosco" relacionadas à aplicação do regime substituição tributária nas operações com vinho:

1. *Como deve proceder importadora de vinhos, enquadrada no Simples Nacional, que está na qualidade de SUBSTITUTO TRIBUTÁRIO em relação ao levantamento de estoque do vinho que entra no regime da ST através do decreto 44.950/2014? Este levantamento deve ser feito pela empresa na qualidade de SUBSTITUTO?*

R.: Sim. O contribuinte deve proceder de acordo com o previsto no artigo 36 do Livro II do RICMSRJ/00 (Decreto nº 27.427/00).

2. *Vinho e Espumantes do RS para o RJ tem ICMS ST? Qual procedimento desta venda em relação a base de cálculos e recolhimentos para o RJ? Quanto não tem ICMS ST deste produto p/RJ? E tem diferencial de alíquotas? Pode exemplificar produtos vinhos e espumantes como é feito o cálculo tributário.*

R.: 1) Os produtos mencionados estão sujeitos ao regime de ST, no Estado do Rio de janeiro, conforme os subitens 38.1; 38.2 e 38.3 do Anexo I do Livro II do RICMS/RJ, com redação dada pelo Decreto 44.950/14, por força do Protocolo ICMS 29/14.

2) Uma vez que o Estado do Rio Grande do Sul não é signatário do referido protocolo, devem ser observadas as disposições dos artigos 4º e seguintes da Resolução SEFAZ 537/12.

As referidas normas podem ser consultadas na página da SEFAZ, na internet, em: "Legislação > Estadual >..."

3. *Para transferência de vinhos importados pela matriz sediada no ES para filial sediada no RJ.*
O ICMS-ST será calculado e devido sobre os preços da nota de transferência ES-RJ ou sobre os preços das saídas posteriores promovidas pela filial, RJ-RJ? É isento de ST-RJ nas Saídas RJ > outras UF?

R.: Preliminarmente, cumpre observar que o regime de substituição tributária em relação às operações interestaduais com vinho somente se aplica aos Estados do Rio de Janeiro e de São Paulo, signatários do Protocolo ICMS 29/14.

Nas operações provenientes de estados não signatários de protocolo, a responsabilidade pela retenção e recolhimento do ICMS devido por substituição tributária é do adquirente, devendo o imposto ser pago até o momento da entrada da mercadoria no território fluminense. É facultado ao remetente localizado em outra unidade federada firmar termo de acordo para efetuar a retenção do imposto devido por substituição tributária, nos termos do artigo 10 da Resolução SEFAZ nº 537/12.

Em relação à base de cálculo de retenção do imposto devido por substituição tributária, observe o disposto no §2º do artigo 24 da Lei 2.657/96, isto é, "o valor inicial para a determinação da base de cálculo de retenção será o preço praticado por esse último, nas operações com o comércio varejista".

Em relação às operações interestaduais originadas no Estado do Rio de Janeiro para outros estados, atualmente somente há protocolo firmado com o Estado de São Paulo.

4. *No caso de estoque de vinhos importados INTEGRALMENTE transferidos da Matriz-ES para sua filial-RJ, o ICMS-ST é devido em 22/12/14 sobre os preços de transferência ou se aplica somente sobre os preços de saída para contribuinte do ICMS sediados no RJ?*

R.: A sua pergunta não está clara.

Caso a pergunta se refira a estoque de mercadoria existente em 31.10.2014 no Estado do Rio de Janeiro, deve ser feito o seu levantamento nos termos do art. 36 do Livro II do RICMS/RJ, tendo em vista o disposto no art. 1º, II, 6º e 7º do Decreto nº 44.950, de 12 de setembro de 2014.

Por outro lado, cumpre observar que o regime de substituição tributária em relação às operações interestaduais com vinho somente se aplica aos Estados do Rio de Janeiro e de São Paulo, signatários do Protocolo ICMS 29/14.

Nas operações provenientes de estados não signatários de protocolo, a responsabilidade pela retenção e recolhimento do ICMS devido por substituição tributária é do adquirente, devendo o imposto ser pago até o momento da entrada da mercadoria no território fluminense. É facultado ao remetente localizado em outra unidade federada firmar termo de acordo para efetuar a retenção do imposto devido por substituição tributária, nos termos do artigo 10 da Resolução SEFAZ nº 537/12.

Em relação à base de cálculo de retenção do imposto devido por substituição tributária, observe o disposto no §2º do artigo 24 da lei 2.657/96, isto é, "o valor inicial para a determinação da base de cálculo de retenção será o preço praticado por esse último, nas operações com o comércio varejista".

5. *Com relação à transferência de vinho importado por Santa Catarina para filial no Rio de Janeiro, existe algum protocolo em vigência para tal operação com relação à substituição tributária?*

R.: O regime de substituição tributária em relação às operações interestaduais com VINHO somente se aplica aos Estados do Rio de Janeiro e de São Paulo, signatários do Protocolo ICMS 29/14.

Uma vez que o Estado de Santa Catarina não é signatário do referido protocolo, devem ser observadas as disposições dos artigos 4º e seguintes da Resolução SEFAZ 537/12.
No site da SEFAZ/RJ: "legislação > estadual > resoluções > tributária".
Observe o Livro II do RICMS/RJ, aprovado pelo Decreto 27.427/00, acessando a legislação na página da SEFAZ-RJ em: "Legislação > Tributária Básica > RICMS-Regulamento do ICMS: Decreto nº 27.427/00 > Livro II". Consulte o Manual de ST disponível na página da Fazenda em: "Serviços > Contribuintes > ICMS > Substituição Tributária > Manual da Substituição Tributária".

6. *Contribuinte substituto de SP Protocolo 29/14 bebidas, remetendo para o RJ vinho importado NCM 22042100 com alíquota interestadual de 4% pergunta: Qual o IVA Ajustado deve ser utilizado nesta operação? Não entendemos o disposto no decreto 45004 de 17/10/2014/RJ.*

R.: Deverá observar a terceira coluna de percentuais, relativamente à MVA ajustada a partir de alíquota interestadual de 4%.

7. *Bom dia! A partir de 01.11.2014 o vinho passa a ser substituição tributária no Estado do RJ, gostaria de saber se as empresas de fornecimento de alimentação estão obrigadas a pagar ICMS-ST na entrada de mercadorias sujeitas a ST, vindas de outros estados que o vinho não consta como ST?*

R.: Sim. Deve ser adotado o procedimento previsto no artigo 4º da Resolução SEFAZ nº 537/12.

8. *Boa tarde! Na aquisição de bebidas alcoólicas (vinho), deve ser aplicado o preço de pauta ou a MVA? Grata.*

R.: Nas operações com mercadorias constantes no Anexo único da Resolução nº 789/14, o ICMS-ST a ser retido deve ser calculado utilizando-se como base de cálculo o valor constante nesta norma (preço médio ponderado final-PMPF).

A MVA prevista no disposto no item 38 do Anexo I do Livro II do RICMS/00, aprovado pelo Decreto 27.427/00, somente se aplica às bebidas alcoólicas, exceto cerveja e chope, não relacionadas no Anexo único da Resolução SEFAZ nº 789/14.

9. *Indústria de vinhos do RS produto MCM 22041090, NF-e qual a base e alíquotas para pessoa fisica, pessoa juridica, p/uso e consumo e p/revenda deste produto para o RJ? Estávamos fazendo retenção ICMS ST p/pessoas jurídicas, informaram que não devia, somente ICMS c/aliquota inteestadual 12%.*

R.: A alíquota nas operações com vinho é de 26% (vinte e seis por cento), de acordo com o artigo 2º do Decreto 34.681/03, já incluído o adicional de 1% (um por cento) relativo ao Fundo Estadual de Combate à Pobreza e às Desigualdades Sociais, instituído pela Lei 4.056/02.

O vinho está sujeito ao regime de Substituição Tributária no Estado do Rio de Janeiro, para verificar a sua base de cálculo de retenção consulte o item 38 do Anexo I do Livro II do RICMSRJ/00.

Ainda, cumpre observar que o regime de substituição tributária em relação às operações interestaduais com vinho somente se aplica aos Estados do Rio de Janeiro e de São Paulo, signatários do Protocolo ICMS 29/14. Nas operações provenientes de estados não signatários de protocolo, a responsabilidade pela retenção e recolhimento do ICMS devido por substituição tributária é do adquirente, devendo o imposto ser pago até o momento da entrada da mercadoria no território fluminense. É facultado ao remetente localizado em outra unidade federada firmar termo de acordo para efetuar a retenção do imposto devido por substituição tributária, nos termos do artigo 10 da Resolução SEFAZ nº 537/12.

Em relação à base de cálculo de retenção do imposto devido por substituição tributária, observe o disposto no §2º do artigo 24 da lei 2657/96, isto é, "o valor inicial para a determinação da base de cálculo de retenção será o preço praticado por esse último, nas operações com o comércio varejista".

Observe o Livro II do RICMS/RJ, aprovado pelo Decreto 27.427/00, acessando a legislação na página da SEFAZ-RJ em: "Legislação > Tributária Básica > RICMS-Regulamento do ICMS: Decreto nº 27.427/00 > Livro II". Consulte o Manual de ST disponível na página da Fazenda em: "Serviços > Contribuintes > ICMS > Substituição Tributária > Manual da Substituição Tributária".

10. *Prezados boa tarde!*
    Estamos enviando vinhos para de São Paulo para o Rio de Janeiro com NCM 22.04.21.00.
    Gostaria de saber qual o tratamento tributário a saber:
    Qual o MVA devo utilizar, seria 77,01%?
    A alíquota interna do RJ para esse produto é 37%, 26% ou 12% para efeito de cálculo do ICMS ST?

R.: As margens de valor agregado aplicáveis encontram-se previstas no item 38 do Anexo I do Livro II do RICMS/00. Na página da SEFAZ-RJ acesse em: "Legislação > Tributária Básica > RICMS-Regulamento do ICMS: Decreto n.º 27.427/00 > Livro II".

A alíquota efetiva para operações com vinho é de 26% (vinte e seis por cento), de acordo com o artigo 2º do Decreto 34.681/03, já incluído o adicional de 1% (um por cento) relativo ao Fundo Estadual de Combate à Pobreza e às Desigualdades Sociais, instituído pela Lei 4.056/02. Observe ainda o disposto na Resolução n.º 537/12, a fim de verificar questões relacionadas ao regime de substituição tributária.

Consulte ainda o Manual de ST disponível na página da Fazenda em: "Serviços > Contribuintes > ICMS > Substituição Tributária > Manual da Substituição Tributária".

11. *Tenho um amigo que faz importação de vinhos, está situado no Estado do Rio de Janeiro-RJ, as importações tudo via porto RJ. Minhas perguntas:*
1- *quando da importação é pago o ICMS e mais ICMS ST?*
2- *na venda dentro do estado ele deve emitir nota fiscal com o CFOP 5403?*
3- *o CST 100 ou 110?*

R..: 1- De acordo com o §1º do artigo 2º do Livro II do RICMSRJ/00, na importação de mercadoria sujeita ao regime de substituição tributária, fica o estabelecimento importador responsável pela retenção e pagamento do ICMS relativo às operações subsequentes. A retenção do ICMS-ST deverá ser feito no momento da saída da mercadoria do estabelecimento do contribuinte substituto e pago até o dia 9 do mês subsequente ao da saída da mercadoria, conforme disposto no artigo 14 do Livro II do RICMS/00.

2- Sim.

3- CST 110.

12. *Prezados Boa tarde. Gostaria de um esclarecimento a respeito da MVA aplicada na operação interestadual de vinhos destinada ao estado do Rio de Janeiro uma vez que o*

Anexo I do Livro II do RICMS/RJ publica uma MVA como se a alíquota interna do RJ para vinhos fosse 12%.

R.: O contribuinte deve aplicar as margens previstas no item 38 do Anexo I do Livro II do RICMSRJ/00.

Persistindo dúvidas, é facultado ao contribuinte apresentar consulta nos termos dos arts. 150 a 165 do Decreto nº 2473/79.

13. *Bom dia, sou do Paraná, tenho um restaurante Simples Nacional que está vendendo vinhos NCM 2204-2100 para o RJ. A empresa não tinha feito essa operação anteriormente. Gostaria de saber se o vinho é ST no RJ. Se sim, como tenho que fazer o recolhimento da GR.*

R.: Os vinhos estão sujeitos ao regime de substituição tributária no Estado do Rio de Janeiro, por força do item 38 do Anexo I do Livro II do RICMS-RJ/00.

É importante registrar que o remetente localizado no Paraná deve observar o Protocolo ICMS 103/12.

Consulte o Manual de Substituição Tributária, especialmente as perguntas 12, 13, 33, 34 e 35, disponível na página da Fazenda em: "Mais Buscados > ICMS > Substituição Tributária".

14. *Importação por Conta e Ordem, desembaraçada no ES, adquirente RJ. NF do importador CFOP 6.949, Nat. Operação: Remessa para Encomendante, destaque do ICMS NA NF de 4%. Qual o processo ao receber esta mercadoria no RJ? Mercadoria com ST no RJ, Vinho NCM 22.042100, no livro fiscal a NF do importador?*

R.: Na importação efetuada por conta e ordem de terceiros devem ser observadas as normas do artigo 149 do Anexo XIII, Parte II, da Resolução SEFAZ nº 720/14.

Na importação por conta e ordem de mercadoria, o importador por conta e ordem (estabelecimento contratado) deve efetuar o pagamento do imposto devido ao Estado do Rio de Janeiro, mediante documento de arrecadação preenchido EM NOME DO ADQUIRENTE da mercadoria ou do bem importado.

A NF-e relativa à remessa interestadual será emitida sem destaque do ICMS, de acordo com o item 2 do inciso I do artigo 149 acima mencionado.

Considerações finais

Na parte introdutória foram sugeridas indagações acerca da razão de ser, dos desafios e da operacionalização do regime de substituição tributária "para frente do ICMS", em especial em relação ao vinho no estado do Rio de Janeiro.

Após breve apresentação dos tributos como principal fonte de recursos para o financiamento das políticas públicas, foram destacadas as diversas espécies de tributos de acordo com a jurisprudência do Supremo Tribunal Federal. A combinação do exame desses tributos com o nosso modelo federativo permitiu a constatação de algumas das múltiplas causas de tensões entre os diversos entes políticos na federação, em especial em relação à disputa entre a União e os estados e o Distrito Federal pelas mais importantes bases econômicas de tributação, isto é, a energia elétrica, serviços de comunicação, derivados de petróleo, combustíveis e minerais. Essa concorrência ocasionou inquestionável aumento da carga tributária sobre esses produtos e serviços e bem assim maior complexidade na gestão tributária na federação, o que tem impacto direto na relação entre fisco e sujeito passivo da obrigação tributária.

A ampla adoção da denominada substituição tributária "para frente" pelos estados se insere nesse contexto de complexidades e tensões, em que os elementos de natureza jurídico-política se imbricam com o dever do poder público de atender às demandas públicas apresentadas pela sociedade, associado com o difícil desafio de reduzir o denominado custo Brasil, tendo em vista a necessidade de estimular o investimento privado e permitir maior interação do país, tanto em âmbito regional quanto no plano global.

Por todo o exposto, como visto, existem excelentes argumentos nos dois sentidos, tanto na defesa do instituto da substituição progressiva quanto para criticá-lo, sendo certo que se trata de mais um exemplo em que as características da sociedade, com todas as suas virtudes e defeitos, se refletem no sistema tributário nacional.

Referências

BORGES, José Souto Maior. Imunidade ao ICMS nas operações interestaduais com derivados de petróleo. In: ROCHA, Valdir de Oliveira. *Imposto de renda e ICMS*: problemas jurídicos. São Paulo: Dialética, 1995. p. 111-117.

BOUÇAS, Cibelle; MAIA, Samantha. Demanda forte e alta de insumos puxam custos da construção. *O Valor*, São Paulo, p. A3, 19 abr. 2008.

COSTA, Leonardo de Andrade. Reflexões sobre o ICMS incidente nas operações com gasolina C à luz dos desafios do federalismo fiscal brasileiro no século XXI. In: TORRES, Heleno Taveira; CATÃO, Marcos (Org.). *Tributação no setor de petróleo*. São Paulo: Quartier Latin, 2005. p. 241-281.

GRECCO, Marco Aurélio. *Contribuições (uma figura "sui generis")*. São Paulo: Dialética, 2000.

HAULY, Luiz Carlos. Pacto federativo: implementação imediata. *Slide Player*, Brasília, DF, [s.d.]. Disponível em: <http://slideplayer.com.br/slide/1749567/>. Acesso em: 28 jun. 2015.

KUGELMAS, Eduardo. A evolução recente do regime federativo no Brasil. In: HOFMEISTER, Wilhelme; CARNEIRO, José Mário Brasiliense (Org.). *Federalismo na Alemanha e no Brasil*. São Paulo: Fundação Konrad Adenauer, 2001. Série de Debates nº 22, v. I.

MIRANDA, Jorge. *Manual de direito constitucional*. 3. ed. Coimbra: Coimbra Ed., 1985. t. III.

PALOS, Aurélio Guimarães Cruvinel. A Constituição de 1988 e o pacto federativo fiscal. *Consultoria Legislativa da Câmara dos Deputados*, Brasília, DF, mar. 2011. Disponível em: <www2.camara.leg.br>. Acesso em: 13 jun. 2015.

PRUD'HOMME, Rémy; SHAH, Anwar. Centralização *versus* descentralização: o diabo está nos detalhes. In: REZENDE, Fernando; OLIVEIRA, Fabrício Augusto de (Org.). *Federalismo e integração econômica regional*: desafios para o Mercosul. Rio de Janeiro: Konrad Adenauer, 2004. p. 63-99.

RECEITA FEDERAL DO BRASIL. Relatório Carga Tributária no Brasil 2013. Brasília, DF: RFB, 2013. Disponível em: <http://idg.receita.fazenda.gov.br/dados/receitadata/estudos-e-tributarios-e-aduaneiros/estudos-e-estatisticas/carga-tributaria-no-brasil/carga-tributaria-2013.pdf>. Acesso em: 16 jun. 2015.

SCHWABE, Jürgen (Org.). *Cinquenta anos de jurisprudência do Tribunal Constitucional Federal Alemão*. Trad. Leonardo Martins et al. Montevidéu: Fundação Konrad Adenauer, 2005.

SILVA, José Afonso da. *Curso de direito constitucional positivo*. 17. ed. São Paulo: Malheiros, 2000.

_____. *Poder constituinte e poder popular*. São Paulo: Malheiros, 2002.

VARSANO, Ricardo. A evolução do sistema tributário ao longo do século: anotações e reflexões para futuras reformas. *Pesquisa e Planejamento Econômico*, Ipea Rio de Janeiro, v. 27, n. 1, p. 1-40, abr. 1997.

VELLOSO, Carlos Mário da Silva. Estado federal e estados federados na Constituição brasileira de 1988: do equilíbrio federativo. *Revista de Direito Administrativo*, Rio de Janeiro, n. 187, p. 1-36, jan./mar. 1992.

Livros publicados pela Coleção FGV de Bolso

(01) *A história na América Latina – ensaio de crítica historiográfica* (2009)
de Jurandir Malerba. 146p.
Série **'História'**

(02) *Os Brics e a ordem global* (2009)
de Andrew Hurrell, Neil MacFarlane, Rosemary Foot e Amrita Narlikar. 168p.
Série **'Entenda o Mundo'**

(03) *Brasil-Estados Unidos: desencontros e afinidades* (2009)
de Monica Hirst, com ensaio analítico de Andrew Hurrell. 244p.
Série **'Entenda o Mundo'**

(04) *Gringo na laje – produção, circulação e consumo da favela turística* (2009)
de Bianca Freire-Medeiros. 164p.
Série **'Turismo'**

(05) *Pensando com a sociologia* (2009)
de João Marcelo Ehlert Maia e Luiz Fernando Almeida Pereira. 132p.
Série **'Sociedade & Cultura'**

(06) *Políticas culturais no Brasil: dos anos 1930 ao século XXI* (2009)
de Lia Calabre. 144p.
Série **'Sociedade & Cultura'**

(07) *Política externa e poder militar no Brasil: universos paralelos* (2009)
de João Paulo Soares Alsina Júnior. 160p.
Série **'Entenda o Mundo'**

(08) *A mundialização* (2009)
de Jean-Pierre Paulet. 164p.
Série **'Sociedade & Economia'**

(09) *Geopolítica da África* (2009)
de Philippe Hugon. 172p.
Série **'Entenda o Mundo'**

(10) *Pequena introdução à filosofia* (2009)
de Françoise Raffin. 208p.
Série **'Filosofia'**

(11) *Indústria cultural – uma introdução* (2010)
de Rodrigo Duarte. 132p.
Série **'Filosofia'**

(12) *Antropologia das emoções* (2010)
de Claudia Barcellos Rezende e Maria Claudia Coelho. 136p.
Série **'Sociedade & Cultura'**

(13) *O desafio historiográfico* (2010)
de José Carlos Reis. 160p.
Série 'História'

(14) *O que a China quer?* (2010)
de G. John Ikenberry, Jeffrey W. Legro, Rosemary Foot e Shaun Breslin. 132p.
Série 'Entenda o Mundo'

(15) *Os índios na História do Brasil* (2010)
de Maria Regina Celestino de Almeida. 164p.
Série 'História'

(16) *O que é o Ministério Público?* (2010)
de Alzira Alves de Abreu. 124p.
Série 'Sociedade & Cultura'

(17) *Campanha permanente: o Brasil e a reforma do Conselho de Segurança das Nações Unidas* (2010)
de João Augusto Costa Vargas. 132p.
Série 'Sociedade & Cultura'

(18) *Ensino de história e consciência histórica: implicações didáticas de uma discussão contemporânea* (2011)
de Luis Fernando Cerri. 138p.
Série 'História'

(19) *Obama e as Américas* (2011)
de Abraham Lowenthal, Laurence Whitehead e Theodore Piccone. 210p.
Série 'Entenda o Mundo'

(20) *Perspectivas macroeconômicas* (2011)
de Paulo Gala. 134p.
Série 'Economia & Gestão'

(21) *A história da China Popular no século XX* (2012)
de Shu Sheng. 204p.
Série 'História'

(22) *Ditaduras contemporâneas* (2013)
de Maurício Santoro. 140p.
Série 'Entenda o Mundo'

(23) *Destinos do turismo – percursos para a sustentabilidade* (2013)
de Helena Araújo Costa. 166p.
Série 'Turismo'

(24) *A construção da Nação Canarinho – uma história institucional da seleção brasileira de futebol, 1914-1970* (2013)
de Carlos Eduardo Barbosa Sarmento. 180p.
Série 'História'

(25) *A era das conquistas – América espanhola, séculos XVI e XVII* (2013)
de Ronaldo Raminelli. 180p.
Série 'História'

(26) *As Misericórdias portuguesas – séculos XVI e XVII* (2013)
de Isabel dos Guimarães Sá. 150p.
Série 'História'

(27) *A política dos palcos – teatro no primeiro governo Vargas (1930-1945)* (2013)
de Angélica Ricci Camargo. 150p.
Série 'História'

(28) *A Bolsa no bolso – fundamentos para investimentos em ações* (2013)
de Moises e Ilda Spritzer. 144p.
Série 'Economia & Gestão'

(29) *O que é Creative Commons? Novos modelos de direito autoral em um mundo mais criativo* (2013)
de Sérgio Branco e Walter Britto. 176p.
Série 'Direito e Sociedade'

(30) *A América portuguesa e os sistemas atlânticos na Época Moderna - Monarquia pluricontinental e Antigo Regime* (2013)
de João Fragoso, Roberto Guedes e Thiago Krause. 184p.
Série 'História'

(31) *O Bolsa Família e a social-democracia* (2013)
de Débora Thomé. 158p.
Série 'Sociedade & Cultura'

(32) *A Índia na ordem global* (2013)
de Oliver Stuenkel (Coord.). 120p.
Série 'Entenda o Mundo'

(33) *Escravidão e liberdade nas Américas* (2013)
de Keila Grinberg e Sue Peabody. 146p.
Série 'História'

(34) *Meios alternativos de solução de conflitos* (2013)
de Daniela Gabbay, Diego Faleck e Fernanda Tartuce. 104p.
Série 'Direito & Sociedade'

(35) *O golpe de 1964 – momentos decisivos* (2014)
de Carlos Fico. 148p.
Série 'História'

(36) *Livro digital e bibliotecas* (2014)
de Liliana Giusti Serra. 186p.
Série 'Sociedade & Cultura'

(37) *A proteção jurídica aos animais no Brasil – Uma breve história* (2014)
de Samylla Mól e Renato Venancio. 142p.
Série 'História'

(38) *A memória, história e historiografia* (2015)
de Fernando Catroga. 100p.
Série 'História'

(39) *Água é vida: eu cuido, eu poupo – Para um futuro sem crise* (2015)
de Ana Alice De Carli. 126p.
Série 'Direito & Sociedade'

(40) *A qualidade do livro didático de história – no Brasil, na França e nos Estados Unidos da América* (2015)
de Itamar Freitas e Margarida Maria Dias de Oliveira. 216p.
Série 'História'

(41) *Direito e desenvolvimento – Diário de um jurista urbano* (2015)
de Carlos Ragazzo. 132p.
Série 'Direito & Sociedade'